戴旭

与美军“中国通”的战略对话

戴旭 马伟宁 著　　王文 主持

对局？对車？

岂止是交锋

国防大学出版社
长江文艺出版社

中国人民解放军国防大学教授　**戴　旭**

中国人民解放军国防大学
NATIONAL DEFENCE UNIVERSITY PLA CHINA

戴旭简介

戴旭，祖籍河南民权。山西运城入伍。先为地空导弹某部士兵，自军中考入空军通信学校航空兵台长班，后入某空军飞行学院、空军政治学院、某空军指挥学院等工作、学习。现为国防大学教授，战略研究所副所长，大校军衔。中国人民大学重阳金融研究院高级研究员。

1991年海湾战争后自学军事。研读西方军事史、中国兵法、毛泽东军事思想，跟踪现代战争和世界格局变化，时发警示，蜚声海内外。1993年发表《以血祭天——一个空军上尉的关于现代战争的预言》；2003年发表《20世纪世界空战》；2009年发表《盛世狼烟》《C形包围》等专著，首次提出美国对华围堵和肢解战略。2010年被中国网民自发评为“互联网九大风云人物”。

作为中国军队新锐思想代表人物，最早提出世界正处于“第五次战国时代”，当前世界是《一个帝王与三大战场》，主张《中、俄、伊建立大欧亚共同体》《中国需要新型军队》《中国新型军队之鹰击战略》《中国需要空中骑兵军团》《八千里外拦截战争》《南海战略万言书》等。

中国军队中最早应用网络的军人之一，最早提出《美正掀起网络侵华战争》《美国对华攻心战总纲》《网络是捍卫国家利益上甘岭》《“互联网+”战争催生第七代战争》等。

为当代中国政论和军事理论领域有独特建树者，全部著作沿国际、国内、政治、经济、军事之逻辑脉络展开，穿行于历史、哲学和文学之间，被誉为“有大师气质的战略家”，并广受日本、欧洲、美国、俄罗斯等多方智库关注。著述以逻辑清晰、语言生动、思维超前、观点犀利见长，研究以预测、实用为基本归宿。

美国海军学院教授
原海军陆战队司令顾问小队主任　马伟宁

马伟宁简介

马伟宁，美国海军陆战队中校，AH-1“眼镜蛇”攻击直升机飞行员。

1991年进入美国海军陆战队，士兵。

1993年从加州大学圣迭戈分校毕业后，升任军官。

1993—1997年通过军官基本培训和飞行员培训。

1997—2002年在367号陆战队飞机营，升任上尉。

1998年跟随15号轮战队远征军分别赴中国香港、新加坡、泰国、阿曼、科威特等地。

2000年随军驻扎日本冲绳，在日本停留半年。

2002年从美国加州大学圣迭戈分校领导学专业硕士毕业。同年作为美国海军陆战队三位荣获“奥姆斯泰德”奖学金的军官之一，获得去中国上海复旦大学进修的机会。并在赴上海之前，在华盛顿学习中文一年。

2003年升任少校。

2003—2005年在上海复旦大学做“奥姆斯泰德”基金会访问学者，并取得国际关系博士学位。

离开中国后，他被派到伊拉克。2006年他在伊拉克作战时负责伊拉克陆军后勤培训和支持。他是Al Asad陆军基地后勤团长，效力于驻伊拉克两个美军大队。

回美国后在267号陆战队飞机营任安全和标准主任。

2008年升任31号轮战队远征军的AH-1和UH-1舰长，该远征军到达过日本冲绳，在菲律宾做过双边军事训练、在泰国做过多边军事演习，并在Nargis台风之后对东南亚国家实施人道救援。随远征军回到美国后，任39号陆战队飞行集团人事办公室主任。

2009年收到命令搬至华盛顿，在美国陆军研究办公室任海军陆战队领导人。负责东亚和东南亚事务，兼任亚洲小队主任。同年升至中校。

2011年海军陆战队建立了海军陆战队司令顾问小队，马伟宁是该队首任主任。

2013年在美国海军学院教授中文、中国文化、跨文化能力建设学，并任语言和文化系副主任。中国人民大学重阳金融研究院高级研究员。

他的军事勋章包括：功勋奖章（两枚）、联合嘉奖、海军陆战队公列勋章等。

已婚，和夫人萨曼莎女士育有一对双胞胎（男），六岁，现定居在维州。

中国金融学会绿色金融专业委员常务理事兼秘书长
中国社会科学院世界社会主义研究中心常务理事
新华社特约分析师

王文

王文简介

中国人民大学重阳金融研究院（人大重阳）执行院长、中国金融学会绿色金融专业委员常务理事兼秘书长、新华社特约分析师、中国社会科学院世界社会主义研究中心常务理事、江西财经大学等多所高校客座教授、新浪财经、观察者网专栏作家。先后就读于兰州大学、香港浸会大学、南京大学—约翰斯·霍普金斯大学、北京大学。曾任《环球时报》编委（主管评论）和社评起草人，2011年“中国新闻奖”获得者，先后在美国、日本、欧洲、伊朗、土耳其等数十个国家工作或访学，采访过上百位各国政要名流，在《求是》《人民日报》等刊物刊发长篇评论与学术文章200多篇，翻译、主编、合著、专著的著作包括《中国崛起与美国焦虑》《世界治理：一种观念史的研究》《政治思想中的国际关系学》《真话中国》《大国的幻象：行走世界的日记与思考》《金融是杯下午茶》等20余本。2013年初离开媒体界，参与创办新型智库人大重阳。2014年被评为“中国十大智库人物”。目前该智库是入围由美国宾州大学推出的、国际公认度最高的《全球智库报告2014》“全球智库150强”的七家中国智库之一。

刘亚洲：

国家之争，人才之战

读了“对话”，有几点感触。

两个人、两个大国军人，理性，刚性；真实，自然。开门见山，单刀直入。中美外交场景复杂纷繁，而类此者无。戴旭是我老部下，现在国防大学任教，颇了解。视野宏阔，思想奔放，家国情怀，校内外、军内外广受好评。马伟宁是美国海军陆战队司令决策项目部主任、“红队”指挥官、海军战争学院教授，阅历丰富，知识渊博。双方虽军衔不高，却“门当户对”，所以，对话意义便超出二人范畴。其对话内容亦然，除两国、两军外俱是世界级政治、军事话题，高屋建瓴。

这种双方中级军官、高级学者点对点的交谈乃至交锋，是中美两国、两军交流的组成部分。相对于国家对国家、军队对军队、代表团对代表团的面对面对话，他们这种单枪匹马式的“过招”，显得非常尖锐和深刻，其间有握手言欢也不乏鼓角争鸣。这种真实，看起来是“交手”，其实是一种“交”“心”的境界。上兵伐谋，攻心为上。而这正是军事的精髓和外交、政治的最高目标。两个人对弈比两群人下棋更耐看，无他，宁静以致远，奇思出妙着。高山之巅伫立的永远都是孤独的背影，思想天空上翱翔着的也永远是寂寥的心声。故，我并不因二人对话之场面小声音弱而忽视。且其中很多的见解令人耳目一新，比如双方对于钓鱼岛中美冲突话题和最终解决方案，戴旭断言美不敢出兵，并以欧亚大陆做棋盘推演论证，马伟宁坦承战争非美选项，并提出钓岛属台，勇冠古今智越群伦。我支持并鼓励这种“锥子互刺”式的探究，开诚布公式的交流。国防大学担负着外训任务，与外军交流十分广泛，中美高级军事学者这种高质量的对话，是一个非常好的创意。在中美两军交流史上，这种样式是“空前”的，希望不要“绝后”。

中国改革开放面向世界，主要对象是美国；美国筹谋世界，重点也是在琢磨中国。中美互相把对方弄明白，世界上的事就好办；而中美若复杂，世界就无法简单。当下，中美经济关系强，政治关系弱，军事关系若即若离。而军事恰恰是国际关系最真实的方面。一些地方学者总觉得双方战略互疑，这感觉主要就来自军事方面。所以，中美军事关系如何发展、如何演变，是一篇大文章。如何破题？双方国家和军队都在思考。而戴旭和马伟宁以一己之力，千里走单骑，一骑绝尘，隐隐有春秋侠士、秦汉武士之风。美国年轻，军气刚劲；我军未老，英风犹存！二人观点如何姑且不论，于勇武一节，首先就值得点赞！有血性、敢担当，在不同的场合、不同的职业，有不同的内涵。作为国防大学的教授，戴旭无愧。这也是国防大学思想解放、研究深入，学术交流活跃的一个例证。其他如金一南、乔良、任天佑、王宝付等，都在军内外享誉盛名。我常说，思想之树常青。要做到这一点，必须给思想者特别是年轻的思想者以充足的阳光和水分。

军队是青年的集体，要么身体年轻，要么思想年轻。第二次世界大战，主要就是按照一帮年轻校官的设计打的。英国的富勒和法国的戴高乐都提出装甲兵进攻理论，最后被德国的古德里安采纳，被隆美尔发扬光大。四个人都是校官。日本素来没有哲学，但石原莞尔在20世纪30年代就看到世界将面临东西方文明大决战，他也是个校官。校级军官承上启下，是军队的中坚。校官的品质决定着军队的品质。

德国军队是近代军制的创新、创建者。原来普军老气横秋，有六十多岁的营长，八十多岁的将官。年老体衰，思想僵化，国王沉迷于华丽的军装和表演性演习。但万幸的是，他们也是一支敢于正视自己，敢于大刀阔斧进行自我改革的军队。近代世界最宏伟的军改大剧，在柏林军事学校校长沙恩霍斯特的导演下开幕了。他是个爱思考的人，当过军事杂志编辑，写过军事论文。在军队服役时，他痛感军事体制陈旧，面对采用新型体制的拿破仑，他提出普鲁士很难打防御战，应主动出击法军。但国王胆小怕事，幻想和平，终致大败亏输。沙恩霍斯特搞了一个“军事协会”，利用军校条件，招揽军中头脑开放的军官，设计普军的军事改革。被世界广为仿效的总参谋部制于此发端。这些人中，就有二十多岁的克劳塞维茨。在论资排辈根深蒂固的军中，沙恩霍斯特敢于大胆启用年轻的思想者，气魄直追汉武帝。

众所周知，德军后来威赫一时。“二战”虽败，但对现代战争艺术的贡献无法否认。古德里安在回忆录中赞扬沙恩霍斯特这位“农民的儿子”是一个“勇敢、聪明、谨慎、严肃、绝不自私、绝不腐化”的伟大军人。而沙恩霍斯特的门生克劳塞维茨，影响更是超出军界和国界。曾任德军参谋长的施利芬说“通过它（《战争论》）造就了整整一代杰出的军人”。

这位“德军改革之父”和战争思想者，是中国军队特别是军校和高层机关应该重点研究的“现象”。曾经有一个著名的“钱学森之问”：为什么中国大学培养不出世界级创新大师？这个“问号”叩击的恐怕不仅仅是中国的大学。

自春秋战国之后，整体而言，中国就不再重人才、敬思想。一个“独尊儒术”带来万马齐喑，文化人都去“学而优则仕”，追求当官光宗耀祖了。将军一去，大树飘零。高山之巅无美树，大树之下无美草。漫长史书，政治家招贤纳士如汉高祖如唐太宗者凤毛麟角。近代美国总统却几乎个个如此，美国之智库发达，原因便在于政治需要。所以，今日世界真要论有汉唐之风的国家，怕只有美国合格。中国虽然也附庸风雅地喊重视智库，多是叶公好龙。无论地方、军队名义上似乎都颇看重学历，如当年之“进士出身”，真要他选择职业去向，则多避学校、研究机构而远之，而选“实职”而争之。此恶风不除，则中国历史痼疾终难免复发。

近代以来，中国相对于世界最大的差距是战略思想的荒芜。鸦片战争爆发之后，中国最有眼光的人也不过是写了《海国图志》，教国人知道国外有国，可是这个工作几百年前郑和下西洋的时候就已经做到了。而此时，美国的战略家席华德已经在帮林肯设计太平洋商业帝国了。之后，清朝大臣争论塞防还是海防，而美国的另一个战略家马汉已经为西奥多·罗斯福总统准备了“制海权”理论。眼界差了多少？如果把国家比公司，美国从一个小地区代理公司起家，百来年做到垄断全世界的规模，靠的是什么？不就是思想家“引路”、军事家“开路”、政治家“驾驶”嘛。而中国自宋以降，就不重视乃至排斥思想家、战略家，看看岳飞、陈亮、辛弃疾的下场，看看戚继光的下场就知道了。到了晚清，思想就像紫禁城的地面，连一株小草也看不见，满朝是人，几个是才？

当年晚清中日之战、中欧之战都是人才之争的结果。曾国藩上书咸丰帝陈述，官场“以畏葸为慎，以柔靡为恭”“人才循循规矩准绳之中”，“守者”多而“有为者”少。“京官之办事通病有二，曰退缩，曰琐屑。外官之办事通病有二，曰敷衍，曰颟顸……但求苟安无过，不求振作有为，将来一有艰巨，国家必有乏才之患”。光绪帝在《变法上谕》中说：“我中国之弱，在于习气太深，文法太密。庸俗之吏多，豪杰人士少……公事以文牍相往来，而毫无实际。人才以资格相限制，而日见消磨……”结果，清朝这个数百年的“大企业”，最后由于“乏才”而“破产”、而“家破人亡”。

思想枯竭、精神萎靡，使晚清一切经济、政治和军事变革统统难落实处。暮鼓晚钟，百年回响。今日中国争衡世界，争什么，怎么争，归根结底不还是人才吗？孙子几千年前比较两国胜负时的五大因素“道、天、地、将、法”，“将”就是决定因素之一。打仗，打“将”，永远如此。而打“将”，主要打的就是思想。

由二人对话，有感而发人才之论，实是情不自禁。中国全面的军事变革拉开帷幕。习主席在中央军委改革工作会议上说，推动人才发展体制改革和政策创新，形成人才辈出、人尽其才的生动局面。国防大学是全国最高的军事学府，担负着为国家和军队培养人才的战略任务，必须开风气之先。以改革的劲风，荡涤嫉贤妒能、空谈误国之风，淘汰滥竽充数、琐屑颟顸之辈，打破资格、颠覆惯例，提供条件让有真知灼见的人脱颖而出。

国防大学政委 空军上将

马伟宁：

个人一小步，中美军事关系一大步

首先，我要感谢我的朋友王文组织了这么一场对话会。完全是因为王文的构想和努力，才推动了这个对话会成为现实。我还要感谢对话会上我的伙伴戴旭教授，他为了这场对话会付出了大量的私人时间，坚持完成了这场对话。这是我，更确切地说，是我们，共同的期待，希望今天，在这里迈出的一小步，能够推动明天中美两国关系走出一大步。

同样，我要感谢乔治和卡萝尔·奥姆斯泰德基金会（the George and Carol Olmsted Foundation）在十多年前，也就是2003年，出资赞助我到上海学习，并由此开启了我对中国、中国文化、中国社会以及最重要的中国人民的研究生涯。我对能够拥有这样一次宝贵的学习机会心存感激，直到今天，我仍把乔治将军的格言奉为座右铭："最伟大的领导者必先接受最广泛的教育。"

最后，我要感谢我的妻子萨曼莎，感谢她的爱和支持，让我的家庭得以在这些年的旅途辗转中始终团聚在一起。没有她的帮助，一切都不可能实现。

在演讲之前，请允许我声明，我今天发表的言论纯属个人行为，并不代表美国海军陆战队、国防部或者任何一个美国政府机构。我们只是希望寻求一个坦诚、开放的平台，得以从不同的角度去展开中美两国对于一些事情的看法的对话。

在大约十年前，当我还是美国海军陆战队的上尉和“眼镜蛇”攻击直升机飞行员时，我被告知获得极具声望的“奥姆斯泰德”奖学金，并将被派到中国上海复旦大学学习。那一刻，我激动万分，这个我经常在地图上读到的名字——上海，将成为我的目的地。我曾在美国圣迭戈大学学习苏联文学，从来没有想过会有一天我能够有机会来到中国，更别说在这里学习两年半的时间了。

当时，我的学业还没那么繁重，萨曼莎和我就抽出时间游访了中国二十一个省份，五十五个城市，从哈尔滨到香港，从上海到日喀则，从昆明到喀什，还包括了台湾。一路上我们遇到了很多的人，游览了中国的名山大川，尝遍了中国的美食，并与很多人结成一生的挚友。我们珍惜那段旅程的每一分钟，因为从那里学到的一切是书本上五十年都学不完的东西。

当时，我在复旦大学美国研究中心，师从朱明权教授。在朱教授的指导下，我完成了博士论文《中美军事的合作》。在这篇论文里，我首先回顾了两国建交以来前二十五年的中美关系，由此更加深刻地体会到，中美两国军事关系原本可以如此积极，当然也有诸多的问题摆在我们面前待解。这些问题包括战略互信、国家意图（公开的和未公开的）、国家透明度、军事同盟以及区域关系等，这些都是影响中美双边关系的主要因素。这些问题里很多方面，我们有着超出以往认知的共同的诉求，但其他方面，也存在着很多不和谐的因素。但即使是这样，我仍然坚定地认为，两国寻解这些不和谐因素的唯一途径就是对彼此的利益关切、国家意图以及世界观等进行更为清晰的理解和交流。没有这些基石般的理解和交流，两国未来的合作之路将会充满荆棘，矛盾和摩擦也将“按下葫芦浮起瓢”。

在接下来的论述中，我就中美两国军事，其实更为确切地说是两国关系之间的一系列问题表达我的研究和看法。虽然这些是我个人的观点，它们并不代表美国官方立场，但是你们仍然可以从中去体会，在哪些领域我们可以深入合作，在哪些国家利益上我们有着融合点。而就在这些领域和融合点上，我们希望两国有关部门能够在双边军事合作上展开工作（不仅局限于两国军事合作，应该朝着更为深入的、过去从未有过的合作方向上延展），推进双边关系发展。

一开始我想强调几个关键点。首先必须承认，中美军事关系是双边关系最脆弱的部分，是在争端或危机时期被首先叫停也最晚完全恢复的关系。虽然这是出于地缘政治考虑以及经济和外交关系的持续，但同时对两国整体关系也产生了负面影响。两军需要找到一种自上而下的外交方法来庇护我们的这部分关系。为此，我继续提倡建立一个正规化的模式，发出合适的多边会议、培训和演习邀请。我赞成邀请中国参加“环太平洋”演习。我们应该采取下一步行动和工作，找到机会认真对待这些邀请。美国应该发出长期邀请给中国，像“金色眼镜蛇”“亚太安全研究中心（APCSS）课程”和“环太平洋”，这只是几个例子。中国是否参加取决于中国自己的决定，然而破坏关系的原因就将变得明显。中国人民解放军还应该审视他们的运行，例如是否应该永久邀请美国观察或参与。长期有效的邀请、直接沟通、固定和有意义的讨论和交流对两国都好，尤其是在困难和压力时期。

任何地方的军人都肩负着保护他们的人民和国家的责任，他们必须时刻准备着保护自己的国家。有时候这意味着需要未雨绸缪应对任何危机或冲突。这常常需要去评估下一个挑战者或冲突可能来自哪里，这在历史上很常见。这不能说是好是坏，事情本来就是这样。所以，美国正在为未来多种或有意外事件做准备，中国人民解放军正迅速发展成为适合中国的现状和历史的军队，我们必须努力确保这不会引起恐惧和不稳定感。五角大楼可能担心中国开发DF-21D导弹的意图，而北京同样会担心美国的军事任务封锁其外围。但我们之间不能存在误会、不信任和误解，不能把自我抱负的实现解读为追求霸权主义。

“联系、讨论、对话、论述”是永续的主题。是的，有时是为了交谈而交谈，对许多美国人来说很难明白这其中的价值,但在关系型社会却很常见（反事务的）。我在来中国前对中国有很多认识，尽管在那里生活了两年多，说汉语、进行研究、在中国的大学获得我的学位，并且经常回中国旅行，但我经常在一系列思想和话题上对中国人的想法和观点感到惊讶。真像格言说的那样，学得越多越觉得自己什么都不懂，很多东西只有自己经历了才能真正理解。

鉴于此，我们承认两国面临严重的问题，有很多彼此国家利益不一致的地方。我时刻担心中国的意图，因为他们为了应对外围攻击占有越来越牢固甚至可能更具侵略性的位置。我知道历史区域环境中“现状”的存在，这严重影响中国和整个亚洲的世界观。美国亚太地区周围有很好的合作伙伴和坚定的朋友，我们应该也将继续支持他们。问题要解决，困境要克服，危机要避免。美国不同意和不支持中国的做法，中国也将以牙还牙。但世界就是这样的，美国及其欧洲和北约盟国并不总是在所有问题上看法一致。但解决方案总是有的，我们需要的仅仅是勇于找到办法。第一步是相互了解，我相信最好是通过对话来实现。所以，我们谦卑地提出我们的想法和意见，对方可能在一些小的、部分的努力上做出改进。

戴 旭：

四次对话，一点感想

如果将来还有历史，今天的世界该被怎么记录呢？美国早已超越了罗马帝国的赫赫声威，而中国却被有些美国人视为新汉武时代；中国人早已彻底丢弃了帝国概念，但美国却装满了脑子。

另外，美国还在历史上的伊斯兰帝国、奥斯曼帝国和俄罗斯帝国的区域横冲直撞、咄咄逼人。

种种场景颇类春秋战国后期列国争雄秦国称霸。

正是在这样一个时代背景下，从2012年到2015年，我和马伟宁先生见过三次面，前两次他还是美国海军陆战队司令决策项目部主任（当时其名片上所写职位）、"红队"指挥官，后一次已经是美国海军战争学院教授了。他是中美两所著名大学的国际关系专业的博士。他经常来中国，而我一次也没有去过美国。但这并未对我们的沟通造成障碍。小小太平洋，在网络时代已微不足道。

我们的对话，往小了说，是两个大国军人学者之间的对话；往大了说，则是两国、两军交往的一个缩影。

作为主持人的中国人民大学重阳金融学院执行院长王文先生说，这样的对话，在中美两国四十多年建交史上还没有过。在他的"设计"下，我们就"双方共同关心"的中美以及世界几乎所有重大的问题，都进行了交流。最多的一次谈了两天；最深入的一个话题，近乎摊牌。但气氛始终是"正常"的。而且自始至终没有一句外交辞令，更不用说那些令人生厌的空洞废话了。

从个人角度，我很欣赏马伟宁这位美国同行的学识见解及坦诚。比如，关于钓鱼岛问题的最终解决方案，在我们各自表明本国、本军的态度之后，马伟宁先生就主张将钓鱼岛交给台湾。我立即表示同意。再比如，我建议中美共同管理南海秩序，制止挑衅闹事行为等，马伟宁先生也对我的建议表示理解。虽然我们都不是决策者，但争取共识仍然是有益的。哪怕这共识只在两个人之间产生，中美两国、两军需要各个方面的理解。无论是和马伟宁先生，还是后来和白邦瑞先生，我都是一样的观点：中美之间有过战争，也有过盟友状态，能谈就谈，该打就打，这都没关系。关键是双方不要误判对方，有什么事大家先谈出来，总比上来就打要好。中美关系走到今天，是付出了很大代价的。降低而不是增加维护关系的"成本"是双方战略家的共同任务。习主席就明确地跟奥巴马总统说：中美要建立新型大国关系，不冲突，不对抗。太平洋很大，容得下中美两个大国。

地球人都知道中美关系重要。但中国与美国到底应该怎么相处、相互之间应该是一种什么关系、双方怎么想对方、未来双方会如何、世界会如何？这差不多可以算当今世界最大的政治难题之一。诺贝尔和平奖评选委员会为此设一个奖项都是值得的，至少比已有的那些获奖者的意义大多了。

基辛格与毛泽东、周恩来谈过；卡特和邓小平谈过；奥巴马和习近平也谈过。首脑之下，中美战略对话等政府级别有专门的对话机制。至于双方学者谈的就更多了，各类观点汗牛充栋。足见这道难题的"难度"。这难题考验着的不仅仅是中美双方思想家和战略家的智慧。看看世界各地特别是亚太一些国家左顾右盼的眼神就知道了。

相比之下，两军之间的交往，总体上还处于外交和礼节层面，不仅从未进行过一次最低级别的联合军事演习，更不如经济和地方官员之间那样热络的人员培训交流。20世纪80年代短暂的、少量军火贸易昙花一现，接下来便是1989年的急转直下，然后是1993年美国军舰拦截中国商船、1996年美航母集群干涉台海局势、1999年美国军机故意“误炸”中国驻南联盟大使馆、2001年美侦察机撞落中国战斗机，以及眼下美国军舰进入中国南海岛礁12海里、B-52战略轰炸机“误入”中国华阳礁上空，等等。

中美两国关系的走向会如何，决定着两军的关系。

晚清时期，美国是入侵中国的八国联军阵营之一员，其用多收的清朝战争赔款退回建立的清华大学、复旦大学、同济大学今天历历在目而且家喻户晓；第二次世界大战期间，美国和中华民国站在一起抗击日本；中华人民共和国成立一年后，中美在朝鲜半岛展开大战。之后，中美建交。这是历史。

现实和历史衔接起来，重叠起来，会喻示一个什么样的未来呢？

纵观人类发展史，小国与小国之间，一般比较容易相处，比如小鸡小鸭；中等强国之间一般都打得血流成河，在中国是春秋战国五百年，在西方是欧洲数百年混战；大国之间相安无事者，一般多为距离遥远，势力范围互不交集，比如汉朝中国与罗马帝国，双方靠着柔软、纤细、漫长的“丝绸之路”相联系。而隔壁的匈奴则与汉朝势不两立，被彻底击败。在欧洲，罗马与迦太基，希腊与斯巴达，亚历山大与波斯，俄罗斯与瑞典、土耳其。近代就更不用说了，英国与俄罗斯争霸于19世纪，美苏争霸于20世纪，穿插在其中的是德国挑衅苏联，日本入侵中国、挑衅美国。

历史跌跌撞撞地在腥风血雨中走到今天。难道中国和美国也要步那些大国冲突的后尘吗?

我深信，中国是没有与任何国家发生冲突和战争的想法的。中国人只是想从悲惨的近代史中走出来，有一个和平安宁的未来。但我不知道其他国家，特别是美国，怎么想?

一些学者根据简单的历史现象，提出一个“修昔底德陷阱”理论，说一个崛起的大国会挑战一个守成的大国。

我认为这是典型的时空错位下的粗糙比对。在和白邦瑞先生对话时我告诉他：中国是一个经历了几十个王朝的国家，而美国一个王朝还没有过完；中国的未来是确定的，而美国的未来则是不确定的。怎么能说美国是一个“守成的大国”、中国是一个“崛起的大国”呢?

让我们铺开世界历史地图，看看双方的位置和角色：

一百多年中，美国像一只年轻的美洲狮，在赶出老欧洲的几只老虎之后，跳出美洲的丛林，扑向亚洲；而中国像一头老牛，从百兽的撕咬、吞噬及相互争斗之中，在自卫中顽强地站起来。在时间的纵坐标上，中国和美国，大致就处在这样一种态势。

在空间的横坐标上，是美国站在中国的身边，而不是中国站在美国的身边。

在欧洲人五百年地理大发现、征服世界百分之八十五的基础上，美国正处于全球性的进攻态势，它在一百多个国家中的近千个军事基地就是最直观的证明；而中国还是一个没有实现完全统一的国家，还有相当多的领土被别国占领。

这是中国人、美国人和全世界都需要明白的：中美双方的国家战略目标是不一样的。但是，美国的战略目标中覆盖了中国的战略目标。

美国跳出美洲后，在“二战”中彻底制服了欧洲，把当年殖民统治自己的那些国家——英国、法国连带德国和其他国家，统统纳入自己的军事、经济体系之下；同时还把日本这个亚洲的政治混血儿也纳入进来，建成历史上最大的“世界联军”，以此彰显自己“世界帝王”的地位，同时开始对欧亚大陆尚未“归化”的“三大力量”展开分化瓦解、各个击破。对此我已有专著论述。

我和马伟宁先生的对话，虽然也穿越历史，但更多的还是纵横现实。王文先生机敏、睿智，总是会提出一些很有质量的问题，而马伟宁先生则同样做出高质量的回答。对话很愉快。

对于我，这也是一个学习的过程。美国军队是当今世界现代战争经验最丰富的军队，冷战以前，它们平均每两年打一仗；冷战后天天在打。一个根本没有外来军事威胁的国家，其军队却天天在打仗，而且每一仗都不是在本土，而是遍及全世界。这样一支军队的军人，其思维方式，其世界观、战争观，本身就具有极高的“学术”价值。而研究美国、美军，是我几十年如一日的重点，既是职业也是事业。故，我与马伟宁先生的对话，顺畅自如。无论观点冲突还是一致，一切都自然而然。我认为，这是一种境界。这境界来自尊重对手，同时又被对手所尊重。敢于表达自己的观点，坚持自己的利益和立场，绝不妥协、敢于亮剑；同时又理解对方。外交如战场，没有战略思维、学者素养和军事胆识，是无法进入“交”“心”境界的。这是我与马伟宁先生对话中最大的体会。

美国是一个非常重视战略家的国家。西奥多·罗斯福把马汉倚为“国师”，如刘备之于诸葛亮。尼克松倚重基辛格，里根倚重布热津斯基。从倚重思想者个人到倚重智库群体，美国和美军创新了当代政治和军事的法则。美军现代以来连续引领世界军事变革潮流，外因是美国高技术工业经济的推动，内在的动力便是层出不穷的思想家。相比之下，中国有思想的外交官和有独立主见的军队学者，名扬四海的还寥若晨星。从马伟宁先生身上，我感到美军研究对手的认真和细致程度。马伟宁先生受益于一支“世界型”军队，可以在服役期间就很正常地走遍世界，并参与战争。我一向认为，作为军人，一生中不经历战争是一大憾事。当马伟宁先生成为学者时，他可以到中国学习两年多时间，并游历了包括台湾、香港在内的中国近六十座城市。在可以预见的将来，我和我的中国同行都没有这样的“机遇”，而我又是非常推崇田野调查的，用双腿读书比用双眼读书能看到更多真实的东西。从这里也能看出中美两军巨大的差异：美国是走在世界看世界，走到别国看别国，而中国军队学者大多只能站在自己的国土上，放眼世界。美国军方这种做法，颇值得我军借鉴。

2015年，是世界风云剧变的一年，美、俄在中亚死结未解，俄罗斯在中东突然出剑，土耳其斜刺杀出；而“伊斯兰国”恐怖分子血洗巴黎，并一力独战美、俄、欧、阿世界联军。在大国博弈的政治缝隙中，IS意外成为巨大的变量。一直在寻找敌人的美国，正在得到越来越多的对手，而它为传统敌人准备的“信息化军队”，正在互联网时代陷入战略困境。美国或者在新的转型中再次超越，一如它在越战之后的蜕变；或者将就此衰落，甚至走向分崩离析都不是没有可能。我跟马伟宁先生简短地谈过IS问题，而跟美国著名的“鹰派”白邦瑞先生则直言不讳地谈到美国的危机。

2015年还是中国军队大改之年，也是中美关系在复杂运行中两军关系变数增多的一年。在上半年关于“一带一路”的简单交谈之后，本来双方还想就更多——中美总是有谈不完的话题——交换看法，因故未能深谈。

此刻，北京已是冬至，隔着半个地球，我不知道马伟宁先生在思考什么。如果有可能，也许我们还会再见。

最后，非常感谢王文先生。他是中国一家著名智库的负责人，拥有许多世界知名的研究员。他领导的智库已成为中国一流，蜚声世界，多次参加G20峰会、上合组织峰会、博鳌论坛等世界高端政治对话。正是在他的热心主持下，我和马伟宁先生才有机会畅所欲言。这个世界需要智者，更需要王文先生这样的“智者之王”。

王 文：

愿中美军方只打嘴仗

如果要找一个合适的序言开篇词，我想，应该是“感谢”。我发自内心地感谢戴旭和马伟宁（Brendan S. Mulvaney）两位兄长，让我有机会亲历中美两军交往史，甚至是中美关系、大国关系史上的重要时刻。

当前全球最重要的两个大国——美国、中国的两位“少壮派”军官，心平气和地坐在一起，不回避任何敏感问题，对各种有可能发生的冲突和摩擦现象进行开诚布公地交谈、讨论、争辩甚至拍案而起，再现春秋战国时“输攻墨守”般的兵棋推演。作为主持人和旁听者，第一时间现场聆听两位高手对决，可谓畅快淋漓，连连叫绝。

最早认识戴旭兄，是源于十多年前的一个电话。当时，我还是《环球时报》的评论编辑，戴旭主动打电话来指出报纸上的一个军事用词纰漏，我连道感谢，索性请他撰文。于是，就有了后来一篇篇名震“武林”的戴旭雄文，也有了后期《盛世狼烟》《C形包围》等数本畅销海内外的巨著问世。我有幸能够第一时间编辑到许多戴旭兄的大作，更是在许多场合目睹戴旭兄对时局弊端的捶胸顿足、义愤填膺。我常与周围人说，无论是否同意戴旭的观点或看法，他的家国情怀、理想信念、军人激情、锋芒思想，都是这个时代、这个国度所罕见的，需要整个社会的呵护。

认识马伟宁博士，也是许多年前的一个夏天。经他在复旦大学读博士阶段的老师介绍，我们在北京见面聊天，彼此交换了看法，印象深刻。他曾是美国“眼镜蛇”攻击直升机的飞行员，还参加过伊拉克战争，驻扎过冲绳，后来到中国读博。他是对中国极其了解的美国“中国通”，学到了中国古代文化中“知己知彼”式的兵法思维。在他的带领下，我两次进入五角大楼腹地，对美国军人、军队、军舰有了近距离的接触与了解。他对我不讳言，中国军力崛起给美国造成了强大的威胁感，但他也认为中美不能发生战争，否则是人类的悲剧。我也几次建议他，中美军方多沟通，就能减少不必要的误判。

于是，在2012年夏天的一次机会，我把马伟宁与戴旭请到了一起，安排了一场两国历史上第一次军方“少壮派”的公开对话。文章后来发表在《环球时报》(2012年8月15日)，题为“中美两军：敌军，或是友军？——中美两位‘少壮派’军官的对话”。文章一经发表，引起了诸方的关注。

趁热打铁，在接下来的一年时间里，在多方的支持下，我又在北京安排了两轮对话，每一轮都是一整天，时而侃侃而谈，娓娓道来，时而针锋相对，剑拔弩张，最终有了这本难得的中美“少壮派”对话录。对话期间，发生了美国大选、“斯诺登事件”和“伊斯兰国”恐怖主义兴起等诸多热点。

如果感谢还不够的话，我希望用“感恩”来形容。因为这场夹杂着两军、两国历史的个人交往经历，实在是太奇妙、太不容易了。两位能够坐在一起，且内容还能出版，的确要感怀于这个时代的厚泽。

正如书中戴旭兄所言，中美军方合作，是两国之幸，是世界之幸，如反法西斯战争、中美合作抗苏；中美军事冲突，则是两国之难，是世界之痛，如朝鲜战争、越南战争。中美军事保持不冲突，是全球保持大和平的最重要舱石。

21世纪，中美两国军事的冲突诱惑，既来源于国际关系现实主义理论中“可实现预言”，又来源于两国内部某些势力的暗流汹涌，还来自第三方势力的暗中鼓动。但两国军方要稳住，两国最重要的决策者要稳住，两国的大局就能稳住。

在拙著《中国崛起与美国焦虑》中，我也提过：“中国与未来大国的竞争，绝对不是相互之间的‘拳打脚踢’，而在于彼此内部的‘修炼内功’。中国与其他国家之间，谁的国内社会活力、民众幸福、人心向背等内部发展事务更顺畅，谁就有更强的对外运筹帷幄能力，国际博弈的主动权就会掌握在谁手中。”

从这个角度看，中美两国军方偶尔打打嘴仗，不只是一种情绪的发泄，也是双方相互了解对方底线的过程。更深远地说，打嘴仗，是为了不打真战，是为了人类的和平。

因为这个真诚的对话，戴旭、马伟宁这两位军人是令人肃然起敬的。这两位军人对朋友的真诚、对社会的责任、对国家的忠诚，值得敬佩。

（作者是中国人民大学重阳金融研究院执行院长）

Contents 目录

戴旭、马伟宁首次对话

戴　旭： 美国人的思维是一种对抗性思维。美国不仅在寻找敌人，也在塑造敌人，迫使他人成为敌人。美国一直把中国向着敌人的方向推。美国基本不想了解中国的想法。

马伟宁： 寻找敌人是各国军队的责任，军人必须保卫他们的国家；应该搜寻敌人在哪儿。美国现在是唯一的超级大国，对我们最大的潜在威胁就是实力第二的国家，现在俄罗斯实力马马虎虎，我们军队里有人将中国视为敌人，这是自然的。

是对手还是朋友？中美如何定位对方？

【王文】中美间关系到底是怎样的？

【戴旭】我一直有一个观点：中国与美国无论是谈判、合作，或是对抗、战争都是公开的。中美都是大国，我喜欢这种直截了当的方式，很敞亮、很痛快。不玩阴的、不搞小动作。美国包围中国、对中国搞“空海一体战”，都是公开的。中国反对美国的强权政治，也不含糊。不像日本对中国，也不像日本对美国，经常搞战略偷袭。这就是在某些事情上，中国普通民众会对美国很生气，但内心并没有仇恨的情绪，原因就是我刚才说的，大家都非常痛快。该打就打，该合作时再合作。中美之间的问题和矛盾，是两个堂堂正正的大国之间的问题和矛盾，我认为无论是在国家层面上，还是军事层面上，中美都可以也应该开诚布公地把问题摆出来进行沟通与交流。相比于美国，日本就算做朋友也让人不放心。相比于日本，美国就算做对手也值得信赖。他喜怒都在脸上，不会在军事上暗算你。

【王文】我看过一本叫《五角大楼的新地图》的书，其中有一章讲道：五角大楼里贴了一个寻人启事，寻找敌人。请问伟宁先生，谁是美国的下一个敌人？

【马伟宁】寻找敌人是各国军队的责任。军人必须保卫他们的国家，应该搜寻敌人在哪儿，冲突在哪儿。美国现在是唯一的超级大国。对我们最大的潜在威胁就是实力第二的国家，而这个"第二"恰好是中国。在冷战时，我们的目标是苏联。那时，我们与中国的关系非常好。那时，双方有共同利益，想方设法合作。现在冷战结束，俄罗斯的实力变得马马虎虎，这个"第二强国"就变成了中国。所以我们军队里有人将中国视为敌人，这是自然的。中国军人也会这样，谁威胁中国，谁就是敌人。对中国军人而言，这个敌人可能是日本，可能是越南，也可能是印度，但最大可能还是美国，因为美国是超级大国。我个人的观点是，虽然美国不会干涉中国内政，也不想与中国冲突，但解放军仍会觉得美国有可能威胁中国。找威胁，实际上就是军人的生活与工作。

【王文】那么，现在中国GDP已经世界第二了，照你刚才的逻辑，中国会慢慢变成美国的敌人？

【马伟宁】对。因为美国是第一，要维持他的位置，在历史上没有一个国家，把第一的地位送给别国。比如说以前的中国是亚洲第一，他也没有把这个地位让给别的国家。这个很自然。美国是第一，我们肯定不希望第二超过我们。

【戴旭】美国人的思维是一种对抗性的思维。他不看你有没有这个意图，就看你有没有这个力量。只要你实力够了，他就认为你会与他对抗，会成为他的敌人，所以，美国不仅在寻找敌人，他还在塑造敌人，迫使他人成为敌人。但我要给马先生的建议是：判断对方对自己是否有威胁，除了实力以外，还要考虑意图。也许一国实力强大，可是他愿意和你做朋友，那你为什么一定要把他当成是敌人呢？但美国不管这个，美国认为一国也许想打我，但他实力不行，那就可以不管他，但是，只要一国实力很强大，那我就要压制你。这符合美国一贯的思维，但不符合自然界的基本常识。自然界的常识是：水牛的体积很大，但它是无害的；毒蛇的体积很小，但它是有害的。一百多年前，日本的经济实力就远远不如中国，但对中国伤害最大的就是日本。不能说他没有力量就不会做坏事。纳粹德国也是如此。美国的这种思维，是导致“9·11”事件的一个重要原因。本·拉登的“基地”组织连个政权都没有，就几个公司，有什么实力？他对美国的实际伤害比一个国家大多了。

所以，在这种思维方式下，美国就一直把中国向着“敌人”的方向推，逼得中国不得不走到他的对立面上。改革开放这三十多年来，中国在各个层面都对美国比较友善。坦率地说，中国不愿意和美国对抗，但美国基本上不想了解中国人的想法。中国实力超过日本，不过从去年刚刚开始，而且只在GDP层面，此前半个多世纪日本一直比中国强，但美国却一直散布“中国威胁论”；中国GDP刚刚超过日本一年，美国就以“防范中国”为借口，马上搞一个“空海一体战”，和日本、印度和东南亚国家搞各种联盟，包围中国。在明朝的时候，中国拥有美国今天的海军地位，但中国没有攻击日本，也没有像西方国家一样，去征服全世界。近几百年来，太平洋上都是欧洲、日本和美国在兴风作浪。从历史上说，中国是最爱好和平的国家；在现实中，中国也是一个非常热爱和平的国家。但美国并没有想要了解中国意图的意思。你们为什么不去了解中国呢?

【马伟宁】首先，关于日本，“二战”后，我们基本上认定日本不会威胁美国了。我们一直在日本驻军，这是一个“杠杆”。并不是说控制他们，而是我们很了解日本要做什么，而且我们也在限制他们。不管日本的GDP有多大，在宪法里是限制他们的军事发展的。我们不用在军力上太担心日本。如果他们突然要让我们军队离开，然后要发展他们自己的军队，那可能就会出现新的美日关系，日本也就变得令人担心。其次，关于对抗思维，也有可能是文化问题。因为在美国看来，竞争不是不好的事情，因为竞争往往会让双

方做得更好。所以，如果说美国和中国之间存在竞争，或成为对手，不一定就说中国是我们的敌人。我们只是说，中美两军关系的走向尚不确定，但美国与日本的关系很确定。以前我们曾说过，越南是美国的敌人，但我们从来没有说中国是我们的敌人。

一般来说，我们对中国的首要问题就是缺乏了解，大多数美国军人不了解中国现在的情况。他们看到，中国发展那么快，花了那么多钱搞军力现代化，美国老百姓和军官们对此有点儿不舒服。我们媒体经常说，中国的军费增加了百分之十几、二十几。看了报道的大多数美国军人都不会去想，中国军费的起点其实很低，防御压力很大，等等。所以，我们真的没有对中国进行足够的交流与了解，在这方面，我们比较了解欧洲、俄罗斯。我们对中国与日本的看法也完全不一样，尤其是当美国设立某个军事目标，但是中国却不是那样时，误解会更大。举一个例子，1996年台海危机时，我们派了两艘航母到台湾海峡，其中有一艘叫“独立号”。对中国人来说，“独立号”就被误解为美国国防部鼓励“台独”的一个信号。但那只是我们驻在

日本、离台湾最近的航母而已，我们没有那个想法。这样的例子还有很多，所以中国与西方之间要多一些互相了解，减少不必要的误解。

【王文】那中国成为美国敌人的可能性有多大？一方面，美国没有说中国是敌人；另一方面，又认为中国的实力正在赶超美国，不得不将中国视为敌人。

【马伟宁】的确如此，美中两国有很多共同利益的同时，在很多方面也存在矛盾，但保证冲突可控最重要。如果控制不好，那就可能成为敌人，如果我们想办法去控制这个矛盾，就有可能避免中美两国成为敌人。因为中美间基于共同利益的合作，在很多方面都符合两个国家的利益。我们无法避免矛盾的出现，也不知道未来会发生什么，但当危机发生时，我们应该有有效的管理措施。如果管理不好，可能就会放任危机升级，引发非常严重的后果。

【王文】戴旭先生认为中美之间成为敌人的可能性有多大？

【戴旭】在直接回答这个问题之前，我想先和马先生进一步探讨美国把中国列为对手的理由。不仅马先生代表的美国军方人士这样认为，美国的一些学者和外交官也这样认为：为什么我们美国要来包围你呢？因为你强大了。实际上，根据美国近二十年的做法，这个逻辑是说不通的。在近二十年中，伊拉克、利比亚并没有美国强大，他们并没有威胁到美国，美国为什么要打他们呢？伊朗、叙利亚都没有美国强大，美国为什么要包围他们？

我在前面说过，美国人的思维是对抗性的思维。他不看你有没有这个意图，就看你有没有这个力量。这种思维虽有缺陷，但如能彻底贯彻下去，至少不会乱杀一气，因为很多国家并没有对抗美国的力量。但这只是美国的思维。我们还要看到，在对抗性思维之外，美国还有一种特殊的心态——“世界帝王”的心态。他要征服全球、管理世界、巡视天下。事实是，只要美国看谁不顺眼，认为他损害了美国的利益，或者这个地区很重要，美国就会把他拿下（像美国当年对巴拿马）。

美国就是按照这个逻辑对中国进行角色定位的。共同反苏的时候，共同反对恐怖主义的时候，美国觉得中国对他有用，所以把中国当朋友。现在苏联和本·拉登都没有了，美国便觉得中国没什么用了，开始把中国视为敌人。这与中国的GDP排名没有直接关系。中国GDP超过日本也就是去年的事情，在此之前的十多年，美国做的事情一直是在包围中国，也一直对中国做出非常不友好的行为。对于中国，美国想做的事情就是把中国纳入他自己设计和领导下的一套国际秩序，像对待日本一样，避免中国有太多的自主性。中国有自己的民族利益、国家目标和自己的价值观。中国不是“二战”战败国，不可能像日本那样做美国的“小跟班”。所以，这就是马伟宁先生一开始说的，美国感到不好驾驭。他把中国当“一辆车”或者“一匹马”，想驾驭。这就是问题的根源和矛盾所在。美国觉得中国GDP大了，不好驾驭，美国就一步步采取了遏制和对抗的举动。由于这个过程中会引发中国的反对，他又暗示自己才是正确的，于是变本加厉，不断强化对抗手段，现在的情况就是这样。

按照这样一种美国思维方式，恐怕是没办法对中美关系保持乐观的。正常情况下，如果美国是为中国的GDP超过日本担忧，那么双方可以在各个层面上进行交流来化解矛盾。但现在美国根本没有做任何交流，就搞出了“空海一体战”，而且特别点明，这是针对中国的。美国在中国周边部署各类部队，研制配备各种先进武器，不断进行针对性演习，真是日新月异。由于美国这样的姿态，日本现在的态度忽然蛮横起来，越南和菲律宾也非常嚣张。整个亚太地区都被美国“重返亚太”战略重心东移带动了。美国大西洋理事会网站评论说，“无休止的领土纠纷，再加上韩国和中国对日本20世纪上半段帝国主义行为的历史记忆，使得亚洲当前情况跟1914年‘一战’之前有一些有趣的类似”。而“一战”爆发前后的情况尽人皆知。

【马伟宁】的确，关于“重返亚太”这个政策，我个人认为美国应该做一些解释和外交沟通。我个人认为——这并不能代表我们军队的看法——这种做法是错误的，这样会毁掉两国的交流，并造成误解。我们没有很好地解释，很容易让中国产生担忧。

【戴旭】马先生这个话说得非常好。在台湾问题上，中美建交时就已经把这个问题说清楚了，说以后美国会逐年减少对台军售。但我们也知道，美国仍屡次卖给台湾武器。尽管美国后来并没有遵守约定，引起过中美争端，但始终没有引起过重大的国家级对抗，那是沟通的结果。现在美国做的很多事情根本就不沟通，突然一个行动、连续几个行动以后，那中国肯定会有本能的自卫反应。如果中国不跟美国沟通，就把军队调到古巴、调到加拿大去，你们的反应会如何？比起美国来，中国现在要温和得多。

大国不应被小国绑架

【王文】刚才马伟宁先生提到了危机管理的问题。现在中美间危机管理的对象越来越多了，擦枪走火的可能性也越来越大了，很多情况也超越了中美共同管理的范畴，或者共同管理的能力，比如说钓鱼岛问题、南海问题。我想问一下戴旭先生，中美有没有可能共同管理南海目前越来越严重的危机？

【戴旭】完全有可能。我想用一个例子来说明。今年（2012年）是朝鲜战争实际上停火六十周年，在上甘岭，中国和美国打了朝鲜战争的最后一仗。这一仗打完，朝鲜战争就停火了。我想借那场战争说明我们目前这个危机，然后再来解释南海问题。

朝鲜战争就是中美间沟通不充分的结果。事前，中美双方谁也不知道，突然间朝鲜就爆发了战争。之后，美国不和中国沟通，也无视中国的警告，直接越过“三八线”，导致中国出兵。此后，这个危机就谈不上管理了。两个大国打了三年，代价非常高昂，以至于美国为此竖了纪念碑。虽然有这个教训在，但我认为，今天的钓鱼岛危机和南海危机继续发展下去，历史还有可能重演。你不沟通，我便不知道你想干什么，你也就不知道我想干什么。如果双方不用语言说话，那么，就一定要用枪炮说话的。枪炮一说话，语言沟通起来就更难了，沟通则会基本停止。

朝鲜战争最明显的启示是：大国不会承认失败与后退。今天中美双方都是核大国，更不可能接受失败和后退。朝鲜战争的教训，我认为到现在为止并没有过时，应该成为我们思考钓鱼岛问题和南海问题的镜鉴。

就说南海，中国多少年来一直希望南海这个地方稳定，原因在于，中国不光是看到了这片海域的资源问题，更意识到这是国际间的一条重要航道，美国关心这个地方的通畅，中国又何尝不关心呢？中国经过这里的船只比美国多得多啊！既然双方都关心，就有共同利益，那为什么不把它管理好呢？为什么不以中美双方为主，就运输通道问题先谈呢？这里其实有两个关键问题：一个是南海的领土岛屿争端问题，一个是海洋通道的安全问题。南海的领土岛屿争端，与美国没有关系，可以不谈。中美只说双方共同保护海洋通道的安全。双方可以制定一个规则，不允许任何一方破坏这个地方的航行安全。我相信，中美两个大国只要做出这样一个声明，那么，发生在南海地区的所有滥采资源、滥用武力等危害航运安全的行为都不会继续。简单来说，“九段线”以内是中国的海域，中国海军负责，“九段线”以外的地方，美国海军负责。当然，具体的合作方式可以谈。哪个海盗敢滋事？这比亚丁湾容易多了。

中美解决了航道安全问题以后，就控制了南海冲突的最大风险，剩下的无非就是资源、领土领海划界等，那是较低层次的矛盾。首要的问题是要管理好中美间的冲突风险。这个风险管理住了，其他小矛盾就很容易处理。那些小国与中国有矛盾，就和中国谈嘛。反过来说，如果放任南海的乱局，特别是现在这样，按中国的理解，就是美国鼓动这些小国向中国挑衅，那就会很麻烦。朝鲜战争已经说明了这一点，中国不会允许周边有人“玩火”。不要说小国，大国也不能威胁中国的利益，靠近中国门前都不行，更不要说进入中国境内！朝鲜战争并没有打到中国国内，但是中国已经感觉到了很大的威胁。中国警告美国，美国不听，中国就出兵了。在朝鲜战争这件事情上，教训非常重大，这就是双方对对方的意图都不清楚。后来我看到了很多史料，说美国并没有进入中国的意思，但是当时中国并不知道，即便知道也仍不能确信。一旦双方打起来，那还有什么好说的？

所以我觉得，南海和钓鱼岛都存在这个问题。美国要尽早和中国沟通，沟通完了以后，钓鱼岛和南海都不会出大问题。如果中美取得了一定共识，单凭日本，在钓鱼岛问题上是闹不起来的。以我

们中国现有的力量，足以能够压制住日本在这个地方的帝国冲动。如果美国有别的想法，鼓动日本和越南、菲律宾给中国制造麻烦，那这件事情就变得不可控制。现在越南一边在外交上显示出向美、俄靠拢的姿态，一边稳步推进对中国岛礁海域的侵蚀政策，还发疯一般地购买海空重型武器。他想躲在美国和俄罗斯的身后韬光养晦，到了一定的时候就会进行更大的冒险。中美如果不能及早展开深入沟通，他们就会继续"玩火"，这个矛盾也就无法管理，到最后一定是乱局。乱局到了后期，那就是另外一个问题了。

【王文】伟宁先生，南海问题、钓鱼岛问题现在为什么会越来越糟糕?

【马伟宁】这是东亚的地区问题，我们真的对领土没有什么诉求，希望和平解决。在海上管理的问题上，我不是完全理解南海问题。但是一般来说，我个人认为，问题的来源在于，中国和美国对于国际海洋法公约和经济专属区的规定有不同的看法。如果可以想办法来解决这个问题，那么就很容易避免更大的问题。但现在美国一直说海上自由，只要我们在经济专属区方面不做什么行动，即可在经济专属区自由通行，不需要提前通知他国，也不需要对方批准。在这方面，中国有不同的想法。这就是我们很难管理南海争端的原因。我们有共同的利益，比如保卫自由、海上安全、打击海盗和恐怖分子等，但如果中国说这个海域由我们管理，美国说我的军舰需要通过，还要经常从这儿走，那怎么办？我个人不知道怎么办，但是需要用谈判或交流来解决。在经济专属区，军事是最大的问题，除此之外，我们对领土、石油没有任何意图。

【王文】但是在很多中国老百姓看来，这几年南海、钓鱼岛等问题闹得这么凶，就是美国人在操纵，是美国人释放了错误的信号。

【马伟宁】这个是指美国和我们一些盟国的关系。我们应该想办法告诉那些盟国，不应寻求单边改变现状，菲律宾突然想在黄岩岛做点什么，或最近日本又想“购岛”，这些都违反规则。如果他们突然想单边改变现状，我们会很清楚地告诫他们。以前我们就这么做过，比如在台湾问题上，我们要维持现状，无论中国大陆和台湾要分开还是统一，只要人民同意、手段和平，我们都同意，都无所谓。但你不能误解美国要做什么。直到现在为止，我们还没有完全清楚地告诉那些盟国，特别是菲律宾，我们和菲律宾的关系最近几年不是很好，所以我们以前没有告诉他们不要那样做。我个人认为，应该明确告诉他们不要改变现状，如果要改变，应通过讨论与协商。我们不想让他们误解我们的态度，我们真的不愿干涉领土问题。

【王文】听上去，美国觉得自己也很冤。

【戴旭】我宁愿相信他说的是真诚的，但是事实上，中国这边的感觉完全不一样。中国现在的外交确实是很友好的，包括对日本、对南海的那些声索国。所有的事端都不是中国挑起的，这是举世公认的。但他们一再挑事，按中国的理解是：第一，中国这么友好，你还一再挑事，这是为什么？第二，中国是大国，有足够的力量回击，你为什么还敢挑衅，这不符合常理。此时，中国就认为，那一定是有人指使，因为有美国在后面，所以你才敢这样做，不然你不敢。像菲律宾，他在南海已经占了我们九个岛礁，中国一直忍着。后来，菲律宾又在黄岩岛挑衅，一次又一次，还派出了军舰，这次已经到中沙群岛了，中国当然不能容忍。但现在美国的核潜艇停在了苏比克港，菲律宾的总统、外交部长和国防部长又出访美国，这个行为怎么能不让中国联想呢？中国人会想，美国至少没有持平，至少应先看一看是谁先挑起事端。因此，中国人感到不满是正常的。现在中国人民情绪普遍发生变化，如果情绪继续波动下去，中美关系肯定要受到影响，那些小国肯定要倒霉，中国不会允许他们继续这样做。他们背靠美国，就敢这样挑衅中国。当年中国连美国都不怕，何况这些小国呢？

我还想多说几句日本。美国和日本打交道的时间，比中国与日本打交道的时间短得多。而且日本和中国文化同种同源，中国比美国更理解日本的心思。美国光是想到如何利用日本给中国制造麻烦，但你们知道日本内心的想法吗？你们想过日本要利用美国做什么吗？今年2月份，日本海上自卫队舰队司令五味睦佳中将发表了一篇文章，凭空断言中国的国家目标就是称霸世界，并且按照日本"二战"前称霸世界的战略路线图，给中国设定了三阶段目标：第一阶段先"吞并台湾，完全控制东海和南海"；第二阶段是"恢复鸦片战争之前中华帝国版图，走出第二岛链"；第三阶段是"取代美国成为世界领导者"。你不觉得这种话很可笑吗？但他一个海上自卫队舰队司令为什么说这个话？那就是顺着美国人的思维，加剧美国的恐惧，鼓励美国对抗中国。然后，日本像他过去在经济领域的韬光养晦那样，躲在美国的背后，大力发展日本的军事力量，诱惑美国放开对他的束缚，成为梦寐以求的"正常国家"。五味睦佳顺着自己的逻辑最后说：为了对抗中国的国家战略和海洋战略，日本要阻止中国上述的一切行动。"日本应当认识到，积极参与'空海一体战'的构建与实施，是实现日本海洋战略（即保卫包括所谓'尖阁诸岛'和油气田在内的东海权益、防止中国'吞并'台湾、阻止中国将南海内水化）的力量源泉，日本应加倍努力使其进一步完善”。

在五味睦佳发表这篇言论前后，日本四个自卫队将官，还详细解读了美国“空海一体战”构想，提出了钓鱼岛夺岛作战想定，并提出了日本的国家战略和安全战略。日本军事情报研究会的一个研究员，还提出了“自卫队的网络战、太空信息战与海外派遣作战”，非常明确地主张日本要在未来战争中取得制信息权、增强远洋投送能力等。你看，日本在钓鱼岛事件背后有多大的战略野心！日本是想借助美国的力量，瞒天过海地先武装自己，然后重新恢复“二战”前他在太平洋上的势力范围，甚至还在动中国的脑筋。但现在，日本却对中国倒打一耙。历史上，日本这一招对中国用了千百次，我们都看腻了。我看五味睦佳，首先想到的是甲午战争时期日本联合舰队司令伊东佑亨，不知道美国人是不是会联想到山本五十六。美国人在看日本的时候，要记住两个中国成语：一个是“卧薪尝胆”，一个是“韬光养晦”，两个词在这里是一个意思。

我是从事中国安全战略研究的，关注日本甚于美国。日本从宣布无条件投降之后的第二天，山本五十六的一些老部下就开始了复兴日本海军的努力。日本的政治领导人，从岸信介、中曾根到小泉纯一郎、野田佳彦，思想根源都是一脉相承的，那就是突破美国为日本设立的和平宪法。你们美国人听了石原慎太郎说“购买钓鱼岛”的话，以为只是一个孤立的外交事件，其实，日本的心思是非常阴狠的，像琉球群岛的冲绳海槽。这个石原慎太郎是非常反美的，以前攻击美国对日本投掷原子弹，说美国把日本变成太监。2011年12月2日，在记者招待会上他说：“迄今为止，日本一直是美国的小老婆。日本的精神性，国家和民族的自主性都受到了掠夺，坦率地说，日本是美国的情妇。”这个石原还表示，日本人在第二次世界大战中无条件投降很愚蠢，德国人是谈了条件才投降的。因此他认为：“我们被美国已经欺负得过多，现在还在遭到欺负。”他对美国耿耿于怀，但也知道离不开美国。现在在钓鱼岛问题上要挑衅中国了，2012年7月27日，他又在美国的《纽约时报》发文章说：“如果不支持与中国对峙的亚洲国家，美国将会在太平洋失去一切。”文章最后以“我们需要亲爱的美国国民支持”做总结。石原慎太郎的隐忍和善变，直观地说明了日本是当代的勾践，是世界上韬光养晦得最好的国家。美国现在有点像吴王夫差，目空一切，听不进别人的劝解。坦率地说，我有点替美国担心。

【王文】现在的感觉很清楚，小国狐假虎威，绑架美国，美国方面又觉得自己已经做了许多，觉得自己很冤，中国则有充足的理由去怀疑，所以就形成了一个死结。为什么会这样？

【马伟宁】从2008年以后南海被发现有大量石油、天然气，且全球

石油价格突然暴涨，石油海洋勘探技术变得越来越先进，这使得近年来南海争端突然爆发。其实，在20世纪90年代，这些问题也一直存在，但不是很大的话题，也都管理得比较好。但现在出于对国际海洋法的理解，还有就是石油和天然气的需求，我个人认为，那些小国家开始变化他们的南海政策。他们认为自己国家小，需要其他国家支持，于是就指望美国。特别是越南，急于恢复越美关系，这是一件很好的事情。但是越南又经常会把南海的问题放到双边关系里，这是他们的目标，不是我们的。美国的说法是“不干涉”，虽然我们现在做法上不完全符合我们的说法。其实，我们并不太了解要不要支持菲律宾、越南，我们认为和平是前提，然后再找办法管理争端。

【王文】你一直强调和平，但是你知道，这在某种程度上给菲律宾、越南、日本传递了一个信号，就是他们不能主动进攻中国，但是中国会主动进攻他们，所以这个信号的潜台词是：我会阻止中国进攻你。“和平”在某种程度上变成了支持他们的错误信号。这时候，你们应该对日本、越南、菲律宾做更多的解释，甚至在意图上、政策上做一些要求，而不仅仅是停留在这个错误的信号上。

【马伟宁】在这方面，我个人认为，美国还没有做足够的外交工作。这不是军事的问题，本质上是外交的问题，但我们要避免变成军事的问题。你说得对，我们不应该释放错误的信号。在外交上，我们应该很清楚地告诉他们，不要单边改变现状，但我们还没有说。

【王文】戴先生，你觉得怎样才能实现良性循环?

【戴旭】我觉得就是中美双方必须坐下来解开这些难题。在东海、南海，中美有什么共同利益点呢？我认为，中美双方最大的利益共同点就是保证这两个地方的和平与安全，毕竟，无论是在东海发生战争还是在南海发生战争，中美都不可能全身而退。既然要维持这个地方的和平，我觉得双方都有许多工作要做。我们可以先发表一些声明，比如，关于东海和南海，中美双方共同关心的是什么。这样，任何国家都不能在这个地域惹事端。如果我们首先解决了这个问题，接下来其他有争议的地方，争议双方谈判解决，不允许个别国家单方面行动危害整个地区。中美作为两个安理会常任理事国，首先就要维护地区安全与和平。

【马伟宁】中国愿意吗？

【戴旭】美国愿意吗？

【马伟宁】这个我不知道。希望是愿意的。(笑)

【戴旭】把这个问题解决了，剩下的问题就非常简单。东海变成了中国和日本之间的问题，美国不干预。美国可以说，我站在一边，不管你们双方如何解决，都不允许破坏该地区的和平，谁首先在东海挑起事端，谁就是第一责任人，中美就共同制裁他，这不就很好解决了吗？南海也是一样，如果是中国挑起的，你可以指责中国；美国挑起的，也就该谴责美国；如果其他国家挑起，我们双方共同谴责、制裁他们。这个问题不就很好解决了吗？但如果美国站在一方，拉着他们一群来和中国闹，那不是对抗又是什么呢？所以我们首先要判定美国有没有解决问题的意愿。

【马伟宁】希望有。

【戴旭】希望有？不够斩钉截铁。(笑)

【王文】戴旭先生的一番话其实还涵盖了另一层意思，就是中美共同管理西太平洋。但目前看来，似乎中方的意愿更强烈一些，美方的态度则不够明确。为什么美国不够明确？阻碍这种不够明确的原因在哪里？有一些人会说，美国的战略目标是要阻止亚洲各国的崛起，所以东亚国家打起来可能对美国有好处，美国一直想当领导，实行像19世纪英国对欧洲大陆那样的大陆政策，所以，美国某种程度上乐于见到东亚不稳定却又不能打起来的状态，是否如此？

【马伟宁】在美国，某些人、某些媒体可能是这样想的，而且也影响了一些国会议员，但我认为，那种做法是不对的。在美国，我不知道决策者有没有提出这样的做法。但是这种做法是一把“双刃剑”，结果非常难以控制。如果有些强硬派希望亚洲混乱，结果很可能是一些国家会搭美国的“顺风车”，同时，仍会有一些国家与美国分离。我认为，这种风险不符合美国的利益，也与亚洲各国的利益不符合。因为包含太多的不确定因素。我们要所有的亚洲国家都强化关系，形成一种更稳定、更有助于经济发展的亚太环境。一国政府越可靠、越受尊敬，他们越能更好地管理国内问题，从而帮助美国和地区国家管理公共领域，让西太平洋更安全、更稳定。这种共同保护自由贸易，打击恐怖主义、海盗的局面，对美国有好处，对中国有好处，对亚洲有好处，对全世界也有好处。

朋友，还是对手？

【王文】今天我们聊得很开心，但是我还有最后一个问题，就是中美两军关系——不是谈两国关系，需要一个怎样的目标？看来中美两军不可能像美日那种同盟关系，也不可能像美苏那种对抗关系，那怎样的一种关系才是比较合适的，或者说是比较合理的，或者说，是能让两国的利益最大化的？

【马伟宁】这是个很好的问题。以前我们一位负责核战略的将军，曾告诉我一个小故事。他说，冷战时，我们和苏联是敌人，但是那个时候我们的关系比较稳定。有一次，他访问莫斯科，苏联的将军在谈判后，请他到苏联战略火箭军司令部办公室，并请他坐在司令位子上，并说："你坐在我的椅子上了，但你不要去按那个红按钮，否则苏联的核武器就发射到美国去了。"然后，过了一段时间，苏联负责核武器的将军也访问美国科罗拉多州的核力量司令部，美国人也请苏联将军坐在按核按钮的椅子上，也警告说，如果一按，苏联就遭殃了。

那时，美苏真的就是敌人，但在那种情况下，美苏的军事关系也还有一定的交流。现在我个人认为，中美之间是不可能那样的，两军核战略司令不可能坐在彼此核按钮前面的椅子上。但是我们也不是敌人，在历史上没有什么冲突，为什么我们的军事关系还没有发展到那样的程度呢？我们和苏联在政治上那么冲突，很糟糕，但还能交流。现在，中美关系中，军事关系最前沿，也最脆弱。所以我们一旦出现问题，军事关系第一个受到破坏，然后才是经济关系、外交关系。但这样的军事关系是不正常的。其实就像1969年那样，美国和中国有很多机会可以有合作，不应该就只剩下“打不打”的问题。比如说，我们在多边演习中就可以邀请中国，以前我们的演习邀请过，有时中国会来，有时就不来。但有时我们也不邀请中国，像最近这次在夏威夷的21国军演。我个人认为，我们应该每年邀请中国，中国来不来是中国的事情，那就是中国自己决定要破坏中美关系。并且我们应该把这些邀请固定下来，不管中美关系怎么样。这一方面可以增加两国交流的机会，特别是在中层军官之间。这对培养彼此的未来领导人之间关系，也非常重要。另一方面也可显示我们之间的互相信任。

【王文】戴旭先生怎么看？

【戴旭】两军关系是两国关系的一部分，也是两国关系的反映。中美两军在历史上既有过友军的关系，也有过敌军的关系。“二战”中共同对付日本，我们并肩作战，曾经是友军。所以，中美两军关系最好的时期是友军，最不好的时期是敌军。这两种情况我们都有过，中间也有过非敌非友的时期，现在实际上就是“非敌非友”的状态。往未来的方向展望，我们希望能够在非敌非友的现实状况下，向朋友的方向靠拢。我相信，这不仅是中国人的想法，也是中国军队的想法。甚至可能美国人民、美国军人内部也有部分人会这样想。毕竟双方并不是天生、无条件地好战。那么未来双方关系到底应该是怎么样？我觉得，军队在这方面要服从国家的命令。像刚才马伟宁先生说的，在中美两国关系或是两军关系方面，一直都是美国在占主动，你们想让两军关系变坏，它就变坏了，你们想让它变好，它就变好了。比如说，你刚才举的“环太平洋”演习，美国把周边所有的国家都邀请了，就是没有邀请中国和朝鲜，这不过是一个军事外交行为而已，但言外之意却很容易理解。回到最初的话题，你有意敌视他，有意让他成为敌人，他最后只能是敌人。现在似乎美国在对中国进行单方面的冷战，两军状态已经向我们不希望的对立方向演变了，如果这个趋势不能扭转，那中国军人只能接受这个挑战。兵来将挡，也没什么了不起。我刚才讲了，这个主动权在美国那边。我把手伸出去了，你不接却要掏枪，那我也只能掏枪了。所以我觉得，作为中国方面，争取最好的结果，希望继续友好，不希望对抗。但也必须做最坏的打算，和平毕竟不是我们单方面的义务和责任，也不是我们单方面能决定的。

戴旭、马伟宁再聚北京

戴　旭： 钓鱼岛问题上，中国若惩罚日本挑衅，美国绝对不敢出兵，否则，美国的大国地位就将衰落。

马伟宁： 可以把钓鱼岛交给台湾。

戴　旭： 我判断东海危机加剧之后，南海危机很快也会发生，日本和菲、越在南海的互动已经很久了，如果他们继续进逼，中国完全可以一起开火，得罪一次美国就够了。

戴　旭： 中美之间最大的问题是误判对方的意图，美国应该吸取朝鲜战争的教训。

马伟宁： 美国的联合军演应该邀请中国参加。

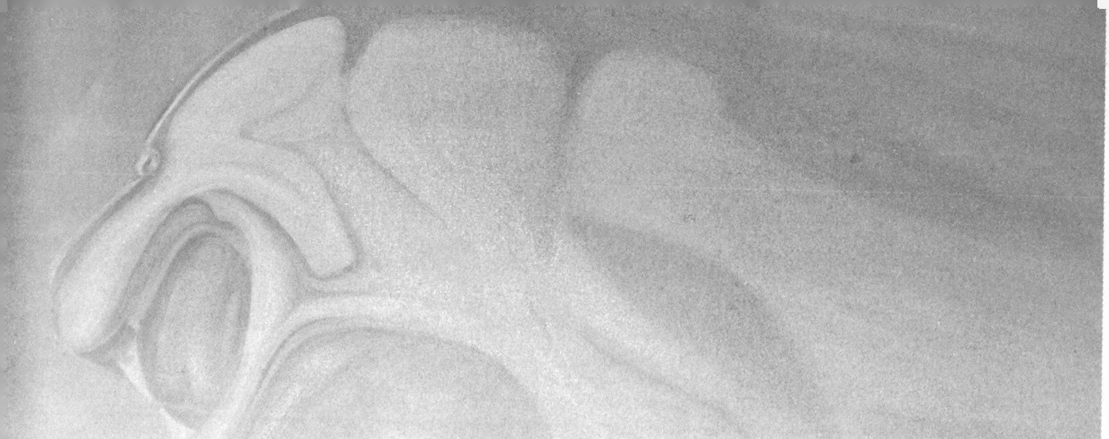

中美能从“战略互疑”走向“军事互信”吗?

【王文】谢谢两位先生，能够在中美关系如此敏感的关头，再次出席这次难得的中美两军对话。再次组织这次对话，是因为去年（2012年）夏天的对话效果非常好，受到了各方面的重视，于是，我邀请两位再次会面，对中美军事关系、各个区域摩擦点，以及两国战略的未来进行一次全面的对话，努力让两位的思想交流成为中美两军交流史上的一次典范。恕我孤陋寡闻，在中美两国的公开交流史上，还从来没有一次中高级军官能够进行如此长时间的对话，因此，我首先对两位军人朋友的勇气与爱国之心表示由衷的敬佩。

为什么今天要挑这个叫“三摩地”的茶馆?“三摩地”是佛教里面的一个概念，意思是佛教修行最高境界的那个地方，代表着欢愉、平和的最高境界，也是精神的最高追求。今天两位先生也是代表中美两国军界的高手过招，对话的宗旨也是为了和平，唇枪舌剑的最高境界就是为了和平。所以，我想，今天我们能坐在这里平和地对话，就是在创造一段两个大国的军事交流史。相信经过整理出版，所有研究中美两国军事史甚至中美关系史的人，都会有兴趣来拜读两位的对话。这也正是这次交流与对话的学术与政治意义。

这次的对话要分两天，我没有提前告诉两位主题，就是想让两位能够即兴发挥、畅所欲言。我的预想是希望能够分为四个主题：

一是从军事的角度来谈谈现在的国际形势，或者说世界到底发生了哪些变化？现在到底属于什么样的一个时代？发展到什么样的阶段？军力，在这个阶段里到底是怎么样的一个作用？

二是中美关系的现状。比如，中美实力之间到底有什么样的差距，两国军力在发生怎样的变化，比如实力差距、博弈力量、军事交往方方面面，到底有哪些特点？这些问题希望能够在交流中彼此给予对方一些灵感，然后谈出过去我们没有谈过的一些问题。

三是讲中美之间的军事战略、国家战略到底怎么样，重返亚太、中国的和平崛起等，战略之间的这种差异、想法，类似的这种理念、观念，等等。

最后一部分是对未来的展望。

大致是这样的一个框架。希望两位都能开诚布公，畅所欲言。我个人的感觉是，这是一个很好的开头，于公来说，我们创造了历史；于私来说，我觉得我们也是把我们的观点，呈现给了大众。

我觉得，现在人类历史进入了一个比较大的具有历史意义的时期，这个历史意义是由中美两国共同创造的。从五十年的意义来讲，是一个十几亿人口大国的复兴；从五百年的意义来讲，西方霸权开始松动；从五千年的意义来讲，人类历史，尤其是国际关系史正处在一个前所未有的广阔时代。

首先，我们要探讨的是，世界到底发生了什么样的一种战略变化，请戴旭先生先发言。

【戴旭】首先，对马先生第二次到中国来表示欢迎。我听王文先生说，你来中国前，在美国经过了复杂的审查程序，要获得国防部还有中情局的批准，但你们大使馆似乎不太乐意。两国之间有正常的对话机制，两军间也有，但双方军官之间这样开诚布公的对话，恐怕是第二次，上次是第一次，之前恐怕还没有过。我个人认为，两国、两军要真正达到信任，还是这种方式最为有效，你说过领导人之间也要更注重个人友谊，这种友谊往往比国家层面上注重外交礼仪的那种交往方式要实在得多。

中美走到了现在，按一些学者文绉绉的说法是形成了战略互疑的局面。怎么去认识这个问题，又怎么去破解这个局面？恐怕要从这种真诚的对话中开始。大家都把自己的想法摆出来，讲一讲到底哪些地方造成了我们的互疑。你有疑惑我们就要把它解开，如果解不开，我们通过其他的办法把它解决，包括战争，解决了就完了，对不对？老存在这样一个问题绕不开，无非就向两个方向发展：要么就是对话解决了，我们最后不疑惑了，成朋友了；要么就是战争，大家打个你死我活，也不疑惑了。打完也可以再次成为朋友。

我认为，今天中美间关系的状态肯定是不正常的。我们各自作为本国军人的愿望是一致的，即希望两国关系都向好的方向发展，这也就是我们对话的基础和目的。实际上，要想了解中美关系的本质，恐怕离不开认识大形势。

中美在20世纪80年代的时候会成为好朋友，因为当时有苏联，这就是大势，任何一个国家都不能脱离开这个大势而存在，因为双方的关系一定是由这些大势决定的。今天的大势发展到了什么程度？中国与美国的交往是大国中最多的，但中国和美国交往的历史是最短的。美国在近一百年的崛起，和中国在一百年当中的衰落之后的一个复兴，现在已经成为全世界最重要的事件。但矛盾也就很快出现了，原因在哪里？我认为就是双方沿着各自的发展方向走到了一起，碰到了一起。碰到了一起必然出问题。

以前，美国只在西半球，中国只在东半球，我们绝不可能发生冲突。在列强的连续打击下，中国甚至连在自己的家门口都站不住。最困难时，居然被日本一路逼退到内陆山区。但美国却开始向东半球发展。从1898年起西奥多·罗斯福奉行太平洋政策，向太平洋进军。美西战争中，美国进入了菲律宾，此后中美之间才有了接触的可能。

1898年之后的一百年是美国飞速崛起的一百年，美国已经从一个美洲国家、大西洋国家，最后成为一个全球性的国家，美国的利益也已经扩展到了全球，美国的力量实际上已扩展到了中国门口。打个比方，我才看到你的时候，你已经到我门前了。并不是我们走到了你的门前，我们没有走到加勒比海，对不对？我们没有走到墨西哥，也没有走到古巴。而是你到我们门口了。

而我们呢？近两百年中，我们一直在衰落，直至1949年，新中国诞生，中国才开始复兴，我们也向门口走去了。等于说，到现在我们中美相会在我们中国门前，这是意义重大的历史事件。其意义重大就在于，我们也走到了门前，你们也走到了门前，但这个"门"，是我们的国门，而不是你们的国门。

你们现在搞战略重心东移，而我们是复兴，但都在亚太地区。我们就讲亚太地区，讲太远了没有意义。目前，我们就在这里，你们也在这里，这就是一个最基本的现实。

美国在这个一百年中已经成为一个世界性大国，这一点尽人皆知，你们的利益也遍布全球。中国在看中美关系的时候，也要看到这一点。我向来认为，美国不仅仅是一个美洲国家，因为你们的这个版图意义和我们的版图意义已经不同了。中国向来说，中国的版图是九百六十万平方千米的陆地还有三百多万平方千米的海洋，但不出东亚的范围。但是美国就不能说是一个美洲国家，因为美国的领土、基地已经遍布全球，对不对？你看，我们说俄罗斯地跨欧、亚，美国则是地跨美、亚，亚洲也有你的领土、基地（领地），对不对？像关岛、夏威夷、迪戈加西亚。我认为，美国不是一个传统意义上的国家，他的形态，无法用传统意义上的区域国家理解。要理解美国，就要从政治领域、经济领域、军事领域、文化领域，进行综合理解。作为全球主导型大国，我们不能说美国是一个怪物，但至少是一个庞然大物，不能用传统的区域国家概念理解，我们如果不上升到这个层面来理解的话，我们就不能准确地把握美国和中美关系。

与美国相比，中国还有很大的差距。仅仅从经济指标上看，中国当然在崛起，但还远不是真正的崛起。因为中国不是从1840年才开始衰落的，这个概念也太小了，中国实际上是从郑和下西洋后，从明朝开始衰落的。

明朝时，中国的农业、航海业都是非常发达的，郑和船队中有排水量高达六七千吨的宝船，而西方同时期的大船只不过几百吨，根本不具有可比性。明朝的船又大又多，就像今天美国的海军舰队一样。也可以说，明朝的海洋力量很强，农业和商业都非常发达，西方那时候跟中国是无法相比的。但是后来发生了什么呢？农业和工商业，包括文化、军事都非常发达的明朝，一个曾经打败了蒙古帝国的明朝，居然被一个非常落后的游牧民族消灭了。所以，那个时候中国已经在衰落，而不是我们后来看到的1840年以后。后金消灭了中原农业政权，直接摧毁了中华的农业文明。等到西方海洋文明来的时候，西方实际上是在和游牧文明作战，已经不是和农耕文明作战。这时，我们——我指的是以汉族为主体民族的中国——已经被两次扼杀，两次削弱了。

中国在已经衰落了近五百年后，到抗日战争时期才开始了一个民族的救亡图存，从而挽救了五千年的一个古老的文明，没有让这个民族被日本人彻底消灭掉。日本当时要把中华民族整个灭掉，亡国灭种。1949年的意义在于，我们让这个民族活下来了。中国在这短短的几百年间丢掉了五千年积累下来的所有的物质成果和文化成果，全部丢掉了。一次是西方海洋文明，另一次就是日本。日本和中国比起来也是一个落后的文明，其文明形态和中国是不能比的，他用的技术也不过是从西方学来的技术，他竟然能把一个拥有五千年的优秀文明的中国又摧毁了一次。那么到了1949年以后，中国仅仅就是活下来而已，到现在为止，我们是从死亡线上冲出来继续存活了六十年。

如此一部中国近代史，显然完全不同于同时期的美国历史。美国没有经历这样大的一个民族灾难，没有经历过这样一个彻底的被摧毁，因此，我们这样一个在五千年遗留全部被摧毁了之后才劫后余生的民族，这六十年来，仅仅是活下来能够吃饱饭而已，我们定下来的到2049年的未来目标，也是仅叫“小康”，我觉得这是符合中国国家现实的。所以，一些头脑发热的人说什么“中国崛起”，还有外面一些人说“中国威胁论”，这些都是不懂中国历史的表现。

要了解中国，就必须了解中国的历史，不了解中国的历史就没办法认识中国的现实，更没有办法预测中国的未来。我认为，要化解疑惑就要从源头开始讲起。一个救亡图存的民族，经过六十年，刚刚赢得喘息之机，就像一个大病初愈的人刚刚活下来，他哪有心思像你们想象的那样去争霸世界，去和别人争什么世界霸权，怎么可能呢？中国既没有和美国争霸的想法，也没有和日本进行地区决战的想法。我现在相信很多美国人是非常客观的，你们可以看一下，目前中国周边的许多国家都在同中国发生所谓的纠纷，但有哪一件是中国引起的呢？这是其一。其二，这些发生纠纷的地方，往前推上一两百年，哪个地方不是中国的呢，对不对？要理解中国的行为，就一定要看中国的历史，非常简单地往前推，一页一页往前翻，像一本书一样，我们倒着往前看。

比如说日本，倒退一百五十年，没有所谓的钓鱼岛问题，甚至没有琉球问题。倒退两百年的话，中日之间那就离得更远，中日之间根本不是邻国。因为中日之间两百年前还隔着一个琉球国，中日之间出问题就出在日本把琉球吞并了。日本吞并琉球后再一步一步吞并台湾，吞并东三省，吞并华北，一步步搞出了越来越大、越来越多的问题，所以说中日关系的问题根源在于要回到历史的原点。回到历史的原点就回到1871年以前，回到原点后哪还有什么问题呢？假如说日本真心希望和平，想与中国友好，想对世界和平做贡献，那他应该向德国学习，德国就回到了历史的原点，认同了波兰的独立。日本要回到历史的原点，就要让琉球独立，琉球为什么不能独立？因为琉球原来的地位和朝鲜半岛的地位一模一样。朝鲜半岛独立了，琉球为什么不能独立？

美国为什么今天还有一些正义的形象？因为第二次世界大战中美国打击了纳粹、打击了法西斯，解放了欧洲。美国实际上也已经解放了亚洲，还通过武力已经把琉球拿下来了，但为什么不让琉球独立？这是美国欠人类的一个公道，也是欠历史的一个公道。而这个问题恰恰成为整个太平洋不稳定的根源，根本原因就在于美国没有履行你作为一个世界大国应有的正义责任。美国本来是完全有能力履行的，但最终没有履行，严重影响了世界对美国的观感。中国还有很多人对美国充满感激，印象很正面，这是因为美国在“二战”时候的正面作用，包括陈纳德的“飞虎队”。你走到中国各地，跟中国人提起陈纳德来，他就拿陈纳德同整个美国相提并论，中国人是非常知道感恩的一个民族。像我去西藏的时候，我就多次被美军飞行员在那个地方留下的残骸感动。中美之间，如果能真正从历史上梳理，能够真正把彼此的想法摊开，我们很容易相互理解。中国和美国之间是没有任何历史包袱的，虽然打过朝鲜战争，但双方并没有宣战。双方没有历史积累下的仇恨。抗美援朝，或如你们所说的“韩战”，对于你们是意外，对于我们更是意外，朝鲜战争已经打了两天，朝鲜在6月27日才通报中国，怎么能算是中国在指使他呢？毛泽东非常反感这件事，因为它影响了中国解放台湾，这件事情不是中国有意策划的，中国也没说美国有意策划。今年是朝鲜战争结束六十周年，我觉得这场战争应该让两个民族再反思六十年。

我主张从历史这个角度来梳理中美关系，可以让双方找到问题的源头。我们都是有理性思维的民族，从这个源头我们就可以看到，对方的本性是什么样的。中国人首先看人的本性，一个人本性要是坏人，说其他什么都是多余的；其次，看你的意图，中国人在意意图，你想干什么；最后，看你的力量。美国人只看力量，美国人不看前两个，不看本性，不看意图，就看力量，看你有没有力量，你有力量我就认为你威胁我。这就是双方对问题的认识程度完全不一样，相互怀疑的原因就在这里。我们把本性、意图、力量这三个要点梳理清楚，我觉得我们之间没有什么谈不开的问题。

现在再回到对世界大势的认识上。

冷战结束后，中国的主流思想本来是以美为友，认为和平发展就是世界大势，中国要发展经济了，中国要和世界上所有国家成为好朋友，尤其要和技术进步、经济繁荣的美国做朋友。再加上中美原来就有一个友好的基础在这里，当时中国从上到下各个阶层都把美国当朋友。但是，美国却用各种非常粗暴的方式把中国推开，又在全球范围内连续打击了多个国家。这就逐渐让大部分中国人意识到，我想跟他做朋友，他把我推开了。他还打了一群人，打完了以后会不会打我？形象的比喻就是这个样子。随即在中国产生了第二种思潮：那就是冷战以后，美国并不想和中国成为朋友，而是要把世界上所有的人打服，一统天下。就像村子里两个人争当村长，原来是你和苏联在争，有一群人追随你，有一群人追随他。苏联倒了以后，追随苏联的那帮人大多跑过来追随美国。但这个时候，美国却并没有把一开始就站在自己阵营中的国家当成朋友。

本来中国是在美国这边的，对不对？1979年中国打对越自卫反击战，脱离苏东阵营，就是一个最典型的事件，中国实际上是在美国一边。但美国在冷战后，把原来苏联周边的追随者强迫拉到自己身边去了，反而把中国推开了。之后，以海湾战争为标志，你们开始一个一个打苏联的昔日盟友，一直打到今天。你们连续不停地打了这么多国家，与中国之间政治、经济纠纷突然增多，随即又产生了另外一种观点，这就是我在《C形包围》一书中指出的，美国不仅推开了中国，而且还对中国进行了战略包围。这不是我个人的臆断，没有这样一个大的历史形势，没有现实情况支撑，没有我对美国二十多年的行为的观察，我不会得出这样一个结论，而我的结论也不会在中国和世界上引起这么大的反响，我的观点是有时代背景的。

回到我刚才提到的主题上。我认为，当下的大势就是：在冷战以后，美国在加速推行布热津斯基1986年在《竞赛方案——进行美苏竞争的地缘战略纲领》中想定的方案，沿着三条战线同步推进，建立世界帝国。到现在，在中国这个观念也渐成主流，认为你们在建立自己的帝国，你们谁都不信任，你们也不愿和任何一个国家做朋友，特别是你们不要中国这个朋友，强行把中国逼成敌人，变成你们想要消灭的目标。在我的书中，我就是毫不隐讳地指出这一点，我认为你们在解决完中东的叙利亚和伊朗之后就要解决中国，解决中国之后你们可能把目标转向俄罗斯，这样的一个判断也构成了我们怀疑你们的原因。

【马伟宁】我比较同意你的观点。从历史来看，美国的历史真的很短，特别是在亚洲领域的历史里，而且我们美国的想法跟中国或者亚洲人有点不一样，特别对历史来说，因为我们只有两百多年的历史，所以我们不是一个历史性的国家。国家间在思想上没有矛盾，只有区别，但这种区别经常变成相互理解的障碍，所以我们经常需要了解对方怎么看。我比较同意你提出的中国的看法与亚洲的看法。不管美国有没有这个看法，中国人的这个看法都是存在的，而除非美国人去了解这样一个看法，否则我们就不可能合作，更不可能获得和平。对美国而言这是一个比较重要的问题，而且我们是到"二战"前后才开始看全世界的事情，所以我们不太熟悉中国跟日本、中国跟周边国家的历史，虽然我们也可以看一些关于这些历史的书籍，但是，实际上我们没有太多认识。这就经常影响我们就具体问题进行分析。

你提出的第一个问题，宏观地说，首先应该了解这个宏观的世界上正在发生的变化，特别是国际关系、国际权力格局的变化。我个人认为，20世纪80年代美国和中国是朋友，我们有一个共同的敌人，就是苏联。所以，我们为什么不能回到80年代那种友好的关系？首先就是因为冷战结束，共同对手没有了，两国那种关系也就结束了，从一方面看，是有一点遗憾。但谁都没有想到冷战结束得那么快，美国那个时候就没有想好苏联消失了之后怎么办，冷战结束以后怎么办。里根总统在80年代，很强烈地去反对苏联，这意味着，他认为苏联还要存在很长一段时间。我们没有想到这种情况，苏联突然之间就没有了，冷战就结束了。此后，唯一的超级大国就是美国，这也是美国第一次变成一个超级大国，没有一个对手，也没有实力相近的第二强国，这样的情况下，我们的做法就显得乱七八糟。

然后就发生了几件事情，首先是1991年的波斯湾战争，从此开始，我们就在中东行动。中东虽然一直是一个比较重要的地区，但是冷战以后，突然就变成了我们最重要的一个地区，我们也没有管理这一地区的准备。冷战结束以后，我们一直就在想我们怎么振兴美国的经济。很多美国人认为，在四十多年的冷战中，我们花了那么多的钱、人力和资源来对抗苏联，现在苏联解体了，可以将资源从军事和外交上面转移出来了。我们这么大的军费开支，可以用来恢复美国的经济，提高我们的教育，但是，由于美国军队和公司的关系，和平转移就没有进行下去。虽然有这样一个希望，我们也削减了军队，但我们也认识到，美苏在冷战中基本上是比较平衡的，没有苏联，苏联的盟国依然可以自我稳固，之后就爆发了波斯湾战争那样的事件。美国认为，这是我们的责任，只有美国可以解决这样的问题，所以我们就投入波斯湾战争、索马里冲突。从历史来看，这些都是比较小的事情，但那时，这却是一个很大的话题，所以美国也就没有进行和平转型。我们的军队也就一直保持着很大的规模，特别是你去比较其他的国家时。这是为什么美国的军费始终比其他国家都要多很多的原因。

以上就是我们希望在冷战后进行转型的原因。但是，在历史中，这基本没有可能。那个时候没有别的国家可以帮助美国，欧洲有他们自己的问题，中国改革开放才有十几年，还在发展，还没有达到今天这么发达，所以中国也不能给我们帮助。为了让全世界更安全、和平，我们就开始做全世界的“救火员”，因为没有别的国家、组织可以做到。那个时候我们就继续部署了那么多的军队在海外，当然，应该说也帮助了很多国家，我们解放了科威特，等等。自“二战”结束以后，这是第一次有一个国家去做这些事情。这给我们的思想造成了一个很大的影响，我们就想为什么做这些，这个时候我们就认为，这是为了帮助这些国家，不是为了我们自己。解放科威特，我们将伊拉克赶走。我们去索马里进行维和，就是为了帮助那些人民，我们给他们食品，帮助他们恢复经济，解决食品问题，但在索马里的行动以一场冲突告终。我们一直在想，我们的目标是好的，开始是好的，然后就变成了这样或那样的问题，比如索马里就是一个很好的例子。中国则一直在发展，而美国在这些年基本上不注意中国，中美之间基本上就是一些经济的联系，而且当时中国并没有将发展军队看得多重要。现在我们说重返亚太，但我们之前也并没有离开亚洲，只是当时中东地区有各种各样的冲突在发酵，所以，我们当时就特别关注中东地区。

美国有没有战略？

【王文】我总结一下伟宁先生的观点，可不可以这么理解：冷战结束以后，美国一不小心，突然之间成为唯一的超级大国，过去可能有过这样的想法，想战胜苏联，但是，没有想到是以这种方式战胜他的，也从来没有想到过那么快，里根几年里就把他干掉了。你没想到他垮得那么快，对吧？突然间，你们就觉得，整个重担全落在了美国身上。你们在80年代没有预料到，自己会在90年代“孤独求败”，成为唯一的超级大国。所以，在过去的二十多年里，你们做了一些好事，当然也做了一些坏事和错事，对吧？但问题在于，美国已经争论了二十年，如果说二十年前，冷战刚结束的时候美国没有想到，那二十年来，美国到底有没有弄清楚这个世界的发展的趋势？

【马伟宁】我个人认为，美国还没有弄清楚这一点。你知道，在冷战中，我们的政府虽然对具体的问题都有不同的政策，但是从整体来说，我们的意见是比较统一的，就是要遏制苏联。苏联瓦解以后，我们没有一个整体战略。具体来谈，我们在军队里面有一个说法，就是我要警惕离我的“船”最近的、最大的“鳄鱼”。但是，苏联解体后，我们碰到了很多“鳄鱼”，比如说科威特、索马里。

我们还没想好下一个最大的“鳄鱼”是谁。二十年，特别就是最近十年，我们经常谈我们的战略是什么，虽然总统、国防部长、参谋长都发表过看法，但都是想法，没有一个战略性的政策。这就是为什么别的国家看美国做的事，感觉乱七八糟，总是怀疑美国要干什么。总之，现在我们的行动没有什么战略性。

【戴旭】刚才伟宁先生所说的话，是以一个军人的身份说的，我相信他说的是比较真诚的。但我不认同他的结论。我认为，美国是有战略的。因为战略是我关注最多的课题，我是从美国战略思想家们的著作、美国智库的研究成果、美国领导人的表述以及美国的行动着手，把这些全都衔接起来，还原美国的战略。

第一，作为卡特和奥巴马的安全顾问，布热津斯基的观点是不容忽视的。他出版了一系列的著作，如《竞赛方案》《大棋局》《大视野》等。特别值得注意的是1985年出版的《竞赛方案——进行美苏竞争的地缘战略纲领》。在这本书中，他说美俄之争，不是意识形态之争，而是世界控制权之争。美国的利益主要体现在三条战线上：第一条战线是东欧战线，就是要取得对东欧的全面的推进，其中最重要的国家是乌克兰和波兰，这个战线是要挤压俄罗斯；第二条战线是东亚战线，其中最重要的是日本和菲律宾，以及朝鲜半岛，这一块主要就是为了遏制中国；第三条战线是中东战线，其中最重要的国家是伊朗和阿富汗，目标是控制石油资源，阻止苏联进入印度洋。这是1986年提的竞赛纲领。首先，布热津斯基他不是一个普通的学者，他已经进入了美国政策的决策层，当过总统的安全事务助理，在中国，他相当于军师，出谋划策的人。而美国这样一个国家，在世界上的行动又如此暗合他的理论，二者结合，令我不敢苟同伟宁先生说的美国没有战略，这是第一个依据。

第二，美国的智库，尤其是著名的智库，如兰德公司，不断地提出一系列研究报告。对此，我也密切关注了，其中很多被美国政府采纳，而且涉及国家战略的规划和实施。远期包括对俄战略、对华战略等，还有，在中国和世界上广为流传的像中情局的“十条戒令”，现在从苏联解体的资料上，和其他的一些资料上看，是有这些东西的。1999年兰德公司还制定了一个“三步对华战略”，第一步努力“西化”“分化”中国，使中国失去在意识形态上和美国对抗的可能性；第二步，如果这一步不能奏效，那么第二步将对中国进行遏制，包括包围、经济和外交遏制；第三步，如果前两步都不能奏效，那么就是要鼓动中国周边同中国有利益冲突的国家和中国发生冲突，然后鼓动他内部的分离主义倾向，给中国内部制造麻烦。2010年，兰德公司又出了一个公开的报告，呼吁美国形成中美确保经济相互摧毁的能力，这个经济摧毁里面就是因为中美两国都是核大国，发生军事对抗的可能性比较低。但是，由于双方意图的不明，当两国发生冲突时，就要用经济摧毁的策略。

因为我是专门研究这个东西的，所以不光看美国的行动，我也要关注美国的智库，以及能够对美国对华政策起重要作用的这些人物，他的言论，他的著作，我是结合了这些东西，又结合了美国的一些行动，再把这些行动和他的这些理论一一对应。我认为刚才伟宁先生是真诚的，冷战结束以后，美国的地位来得太突然了，他确实突然就当“皇帝”了，突然“黄袍加身”不知道该怎么办，所以我在前面的表述中说了，你们在不知道怎么办的过程当中，犯下了一个最重大的失误，就是把曾经非常好的中美关系一下子给逆转了。

中美间互疑开始于1989年，我们今天可以再梳理1989年以后的中美关系，中美关系的各个方面在1989年前后到底有什么不同。比如说，中美的政治关系互信从这个时候没有了。此前双方关系的密切，双方都是感同身受的，非常好，这个关系特别明显地体现在中美之间的军事关系上。

【马伟宁】对。

【戴旭】新中国成立后，美国在相当长一段时间内是不向中国出售军火的。但从70年代开始，由于共同对抗苏联的角度，中美军事合作迅速升温。1984年售华的“黑鹰”直升机是最有代表性的一款武器，标志了那个时代的中美关系。

【马伟宁】对。

【戴旭】中国空军也是非常相信美国的，所以才会和格鲁曼公司签了一大笔的合同，还把两架战斗机送到美国改装。可是结果呢？美国不仅撕毁了这个合同，还拿着中国的战斗机在中国周边的国家到处演示，这对两军、两国间的良好关系是摧毁性的。这个责任在美国，因为你单方面撕毁合同，而军事关系是政治关系的“晴雨表”。那时，美国亲手摧毁两军关系，以后再建立就是重建，而且很难再回到1989年以前的状态了。因为美国率领整个欧洲对中国进行武器禁运，这在事实上已经关闭了中美互信的大门。在军事方面，说实话，中国不可能靠买武器实现现代化。怎么可能呢？当年晚清买了多少外国武器，也没有保护中国。军事贸易只不过是国家贸易当中的一个部分。美国把它上升为一个非常重要的政治问题。我认为，这从根本上摧毁了中美的互信。

在政治上，1989年以后发生了多少事件？1989年以后，第一个标志中美政治关系恶化的就是“银河号事件”。

【**马伟宁**】对。

【**戴旭**】这个典型的事件我们一定要把它点出来。第二个重大事件就是1996年的“台海危机”，美国派出航空母舰进入中方演习海区，以作战的姿态进入。接着，1999年，美国又轰炸中国驻南联盟的大使馆；2001年又在南海撞掉中国的战斗机。再之后，就是越来越恶化。通过对历史的梳理，我们会发现，是美国在加速这个对立的态势，把中国推向他的军事对立面和政治对立面。

单2001年这一年，我们就能数出很多事件，小布什上台以后，说的第一句话就是：为了保卫台湾，我们将出兵。做的第一件事是进行太空战演习。那句话改变了中美建交以来的美国对台模糊政策，让中国人听起来非常刺耳。因为模糊是双方的基本共识、基本底线。卖武器的时候中国只不过是抗议一下而已，没有实际性的举动。现在，连这样一个底线都没有了。太空战演习则非常明确地把中国列为太空假想敌，这又是一个军事对抗的信号。

美国在21世纪初已经把中国当作下一个敌人了。意外的是这一年出来一个“9·11”事件，出来一个本·拉登，美国，就像你说的，你的“船”附近突然出现了一群“鳄鱼”，你没有想到。你本来是奔着你想象的这条“鳄鱼”去的，不料攻击你的却是另一条真实的“鳄鱼”。你打这条“新鳄鱼”去了，一打就是十年，这十年时间就是中国的机遇期，也是中美关系得以缓和的原因。这是一个意外。也就是说，中美缓和来自一个意外。对于中美这样的大国来讲，缓和不能靠意外，要靠必然，不能靠偶然。对不对？刚才讲的本·拉登就是个偶然因素，这个偶然换来了中美关系十年的缓和。但偶然是靠不住的，中美关系要靠必然。随着本·拉登在2011年被美军击毙，你们接着就进行了战略重心东移，又恢复到你们美国人设定的中美对抗状态，你们又回来了。所以说，中美关系主动权在美国手上，美国要双方好，双方就好；美国要双方坏，双方就坏，中国在这个方面完全是被动的，这就是中美关系的本质。

【王文】这些年，美国的智库、政府不断出台各种对华非常不友好的报告，伟宁先生，你是怎么看的？

【马伟宁】我的看法是，我们有好多的智库和类似的研究机构。但是，我们不能说，他们代表的就是美国的战略。而且，你可以看我们的历史，智库的影响力总是随着政坛的浮沉而变化。我并不是说我们美国的政府没有政策，而是说我们没有一个宏观的战略。比如说，不管民主党还是共和党，不管经济情况好坏，这个战略性总是一直存在，所以就可以一直进行。但是新的总统有新的战略，新的国会议员有新的战略，国会议员和总统意见对立，就没有可以实行的战略，所以一些部门就经常发表报告或者表示他们的想法。但是，从我国的政治制度来看，我们不能说他们就代表着美国的战略。首先，不能说他们完全代表美国政府；其次，民主党在白宫的时候，布鲁金斯学会比较重要，有些人离开布鲁金斯学会就当官了，一离开白宫又回到布鲁金斯学会。但共和党组阁后，形势就发生了变化。所以，我不是说美国没有政策，而是美国没有一个宏观的远期战略，至少目前还没有。我也不能否认在美国和美国政府中有一些人对中国感到担忧，所以他们的看法也可以说有其影响力，具体看针对的事情。但是你刚才说的，相当于把美国人写的一篇文章或者报告，跟美国的实际行动结合起来。在美国我们也有用类似眼光看中国人，他们就靠中国的几篇文章或者一本书来分析中国政府和军方的行动。我们不能说这样一本书就代表中国政府的观点，但是很多人说，这是中国政府批准的，是中国官方的观点。

【王文】你指的是《中国不高兴》这本书?

【马伟宁】对,《中国不高兴》，还有《中国可以说不》。

【王文】作者都是我的朋友，幸好他们没来。

【马伟宁】(笑)这就是某些美国人的看法，他们都有一定的影响，所以有一些人就这样说。他们不太了解中国的出版社，他们认为这是政府的手段，写这本书就是中国政府的政策。然后，他们就按照这本书，观察中国的行动，结合起来，就说这是中国的想法。但是中国人就想，这本书不代表中国的政策。从外面看，你可以把不同的东西放在一起。

中国人看美国也是一样，比如，某本书中有“中国威胁论”，美国到阿富汗不仅是因为“9·11”事件，而且是针对中国。但美军进入阿富汗跟中国没有一点点关系，我们的军队在那边，我们重返我们的基地啊，我们的军队、我们的结构等，这些跟中国一点关系都没有，但是，有中国人写的几篇文章，说这就是为了遏制中国。其实跟中国一点关系都没有。

亟须避免的战略误判

【王文】在过去的二十年中，美国的行动和轨迹是很一致的，就是刚才戴大校表达的，不停地把中国往他是敌人的方向推，伟宁先生怎么解释这一点？

【马伟宁】我认为这是同一个问题。我们不太了解中国。中国没有说明他们的战略，他们也没有解释，如果你去看他们的行动，把那么多的军费投入他们的军队，每年都增加百分之十、百分之十一，对美国来说这是不可思议的，会认为这种行动就代表中国政府的想法，中国政府就是要建立一支强大的军队以控制亚洲，变成亚洲霸权。让别的国家都向中国臣服，中国就给他们一些礼物，可以这样说，这是为什么中国把那么多的钱放在军队里面。

在我到这里来之前，并不知道以前中国将军事力量发展置于经济发展之后，让人们先富裕起来，再将财富投进军队。但是很多美国人就看那个报告，他们就看那个数字，说今年增长百分之十，明年是百分之十一，美国增加的就是百分之一，所以你跟美国去比较那就是十倍了。他们认为，没有一个国家威胁中国，没有一个国家要侵略中国，中国为什么要花那么多的钱在军队上？他们必然有一个扩张的目标，不然的话，他们也不会浪费他们的钱。我知道，中国军队的军费起点很低，所以，如果你第一个月获得了一百元，第二个月你获得了一百亿，增长率确实很高，但其实不多。虽说增幅很大，但如果你无视中国很低的军费水平，那个数字就很容易让你有不舒服的感觉。其次，中国是一个很大的国家，从历史来看，从地理来看，从人口来看，从经济来看，中国都是一个很大的国家。中国以前是一个例外，从来没有这样的情况，这么大的一个国家却只有那么少的军费。虽然数字规模很大，其实比率却并不大。以前的情况是一个例外，现在中国回到了一个比较自然正常的状态。英国、法国都比中国小，但是他们的军费比以前中国的军费大得多。但若你看不到这一点，不从整体来看，而去看他们的增长率，那么你就不知道中国最后的目标是什么。

【戴旭】这个非常有意思，我最近一直在看一本书：《最寒冷的冬天：美国人眼中的朝鲜战争》。书里提出了一个非常重要的问题，就是朝鲜战争中美国为什么会倾全国全军之力来参战？他当时就判断金日成之所以敢进攻南方是斯大林和中国支持的，这是共产主义对西方世界的进攻。美国一步一步把这个判

断放大，沿着自己的思维方式前进，进而形成新的判断：既然是斯大林和中国支持的共产主义对西方世界的进攻，那么美国作为西方世界的"老大"就有义务阻止这次进攻。这不仅是对朝鲜的战争问题，还有对苏联和对中国的问题。因此美国应对朝鲜战争的第一举动不是向朝鲜出兵，而是派遣第七舰队进入台湾海峡。正是这个行动造成了中国对美国意图的误判，形成了误判之间的互相反馈。美国先对金日成的意图做出了误判，中国接着对美国的意图判断不清，根据第七舰队的动向判断出美国要干涉中国的国家统一，甚至有可能攻击中国本土。于是反过来，中国就开始调兵进入东北地区进行战略预防。美国看到这个举动后认为，朝鲜战争打响了，中国又往那个方向调集军队，于是美国就更加确信这次战争是中、苏、朝共同策划的战争。美国越来越相信自己的误判是正确的，所以美国就进行了仁川登陆，随后越过了"三八线"，反过来，又强化了中国的判断。

几十年后，美国才发现，对金日成发动朝鲜战争的行动，连斯大林最初都是不同意的，也不愿意参与，中国则是完全不知情的。美国却根据北朝鲜对南朝鲜国的进攻，做出了几个判断，判断这场战争是斯大林支持的、判断中国也是支持的。而美国在完成这个判断后，不进行细致的论证，接着就是行动，所以才有了第七舰队进入台湾海峡，直接造成了中国的高度警觉。因为当时中国的主要任务是解放台湾，你们美国进入台湾海峡就意味着介入中国内战。中国对朝鲜战争的判断源于第七舰队进入台湾海峡，这个判断又被美国此后的行动不断印证，这才导致朝鲜战争一直打了三年。所以我在一篇文章中说朝鲜战争是一个代价高昂的"0"，这个代价高昂的"0"实际上就是由中美之间的误判引起的。但是，误判有先后，今天看来，还是美国首先误判。美国首先误判了以后，中国根据美国的行动再误判。这就是说，双方的想象一般是靠不住的，特别是恶意的想象更是靠不住的。我为什么说朝鲜战争值得中美两国反思六十年？原因就在于这是由于双方的战略误判导致的一场大规模战争。这场战争事实上改变了亚太格局，比如说，这场战争的唯一赢家就是日本，没有这场战争，哪有日本的复兴，哪有日本的崛起呢？更不会有今天的琉球问题和钓鱼岛问题。所有这些问题通通都源于这场战争，而战争又源于误判。误判能带来多么大的负面后果，在这场战争中已经展现得淋漓尽致。

打了三年以后，美国得到了什么？不过是还回到“三八线”上。为了这条线，双方有必要打成这个样子吗？这里的关键就在于，这场战争直接形成了后面的格局。其实冷战实际上是从这场战争真正开始的，而不是源于凯南的长电报。冷战真正的开始是从朝鲜战争开始的，是这场战争改变了世界格局，而这一切都源于误判，源于一件非常简单的事情的误判，这件非常简单的事情就是金日成想统一国家。随后，美国、苏联和中国之间也不沟通，就靠判断行事，直接导致这个后果，后来各方就都从对方的言行判断，误判不断加倍地反馈，导致了局面不可收拾。

因此，我觉得中美经历过朝鲜战争以后，双方不应该重蹈当年的覆辙，特别是对双方各自的意图的误判，今天已不是当年完全不说话完全不理睬的状态，毕竟有了建交三十多年的基础，双方可以坐下来谈，我觉得是有必要化解各自的疑惑，消除误判的。

不幸的是，眼下各自的情况又导致双方在重复六十年前的历史。比如说在钓鱼岛这个问题上，我现在非常不理解的就是美国为什么要和日本联手协防钓鱼岛，美国做了一个怎样的判断，在一个怎样的基础上，要和日本联防？历史依据何在？你想达到什么目的？你想让中国怎么理解你？这点非常重要。

我前面讲了，中美关系的主动权向来在美国手上，中国的判断都在美国之后，是被动的判断，都是美国先言先行之后，中国才开始判断、行动，而不是我们先判断、先行动。我刚才说中国的目标是非常有限的，他不愿意和任何国家发生冲突，这是中国的文化决定的。所以我觉得，美国在做出言行之前，应该先和中国沟通，了解中国的想法。

在钓鱼岛问题上，美国为什么不来和中国沟通，倾听一下中国政府的想法、倾听一下中国人民的想法，还有中国军队的想法，然后再做出你的决定呢？相反，日本的一个外相和你们的一个国防部长，双方打了一个电话，你们的国防部长竟然做出和日本联手协防钓鱼岛这个决定，这和当年非常草率地决定让第七舰队进入台湾海峡是一样的，非常草率。如果中国再一次做出重大判断的时候，一定是再依据美国的言行。要不然我们依据什么来判断你呢？美国以往总是发布一些声明说，美国对钓鱼岛的归属不做评论，但是又说行政权属于日本，是纳入《日美安保条约》的，这实际上是偏袒日本。如果这仅仅是你的言论，中国并不会据此做出其他的论证。但你现在有了行动，而且是在你们的国防授权法案当中，你把它写进去了，你以一个立法的形式把它规定进去了，那这就是你的行动。中国要判断的时候，一是看美国的言；二是看美国的行，观察言行，然后据此做出判断。这也是基本的逻辑思维，对不对？我就是这样判读的。因此，就在钓鱼岛这个问题上，最典型地反映了中美之间的政治关系和军事关系在相当大的程度上存在着误判，但是误判的源头在于美国。

【马伟宁】我对钓鱼岛问题的看法放在后面。总体来说，我完全同意你的想法，我个人一直在批评我们政府的做法，就是因为如你刚才所说，我们在推行新政策时，没有提前跟中国谈一谈，不了解中国怎么看，也就很难对中国政府解释我们的目标是什么，或者我们的行动意味着什么。我们本可以让中国了解我们的目标是什么，但是如果我们以前没有这样的交流，沟通就会很困难。如果我们提前没有跟中国去联系、去讨论这个问题，中国怎么能有效回应？中国只能从言行来判断我们的行动、我们的做法。最近两年，我多次批评了美国政府的做法，就是因为沟通工作没有做好。我们跟日本联系过，但是没有跟中国联系过，也没有和越南或者印度尼西亚等相关国家联系过。这是一个问题。

民族的思维差异：看历史，还是看未来？

【戴旭】如果你们不理解中国，不和中国交朋友，这首先是美国的悲剧。中国是最没有帝国野心的国家。真正有帝国野心的国家是日本。你们却宁肯相信日本，甚至宁肯拉拢俄罗斯，偏偏把中国抛诸脑后。这就是为什么说美国没有历史感。理解中国的钥匙有两把：一个是历史；一个是文化。文化又是在历史之中的。把历史搞懂之后，你们就会发现，美国最需要的朋友就是中国。

因为中国没有世界野心，喜欢和平；因为中国守信用，不惹事；因为中国人善良、不残忍。当然，中国也有另一面，宁死不屈、坚韧不拔。但这也是作为好朋友的品质。毛泽东也喜欢和美国人交朋友啊。他作为政治家，你看包括在新中国成立开始，对美国那个斯诺，把他请到天安门开国典礼的仪式上。后来，基辛格和尼克松就说，他说那个时候啊，美国人没有领会到毛泽东高超的智慧，毛泽东想通过斯诺向美国人发出个信号，实际上毛泽东内心来讲是希望同美国发展关系的。他一直对斯大林的做法很不满，但是美国一直没有接收住这个信号，如果那个时候接收住，朝鲜战争是可以不打的。

再进一步说，中美双方多次交手，但中国并不丑化美国，反之也是一样，美国也不丑化中国。但中日不一样，为什么呢？美国对中国战争的伤害，和日本那种灭绝人性的伤害完全不可同日而语。就像两个男人打架一样，不伤及别人和各自的家人。我们在外面打得头破血流，你死我活，这很痛快，是一种男人式的战争。而日本是一种强盗式的、无底线的掠夺烧杀，这不是战争行为，是灭绝人性的行为，战争只是他的一种手段。这一定要界定清楚。中美之间是纯正的政治对决、军事对决，是战争。比如说上甘岭战役，是最典型的，这是双方军人之间的较量，双方文化之间的较量，对不对？在这个地方较量完了以后，是输是赢，都很痛快，不存在谁丢脸、谁自豪的问题。就像拳击一样，你能说亚军见了冠军就有一种羞耻感吗？没有。

【王文】如果用中国话来说，是一种君子式的战争；用美国或西方的话说，就是一种贵族式的战争；用中间的话说，就是一种竞技式的战争。但是日本对中国的战争则完全不是这样的。

【戴旭】所以说，日本对中国战争的性质，和中美之间战争的性质完全不同。这种差异导致了以后中日之间的政治特点和中美之间的政治特点也完全不同。中美之间成为朋友也好，成为对手也好。说成为朋友，双方不可能融为一体，因为西方人和东方人文明不一样，双方不可能成为美英之间的关系，不可能的，永远不可能。但是说双方成为美日之间那种放手大战，直到扔核武器的程度，我认为这种可能性也非常小。即使中美在这边打，也是有底线的决斗。撇开核武器因素不谈，这两个国家、两个民族的特点在这里，不可能出现这样的结果。中日之间，将来要出现战争，那结果就是不可预料的了。

【王文】这点提示了我，我发觉，中美之间的这种互相伤害，不是世仇的伤害，但中日之间是这样，美日之间也是这样。你发现没有，日本人内心很恨美国，因为两颗原子弹投下去了，日本人是非常恨美国的。

【戴旭】这就是美国对日本的误判。从“黑船事件”以来，日本人其实非常恨美国人，这是一种民族羞辱。

【王文】还有原子弹，美国人向日本投过两颗原子弹。

【戴旭】所以说，美国现在不仅对中国不了解，实际上，对日本也不了解。你们绝对没有中国人了解日本人深，因为我们同属东方人，日本文化是中国文化的分支。我们以一个东方人的思维来推断，日本对美国的仇恨起始于“黑船事件”。你们那个佩里准将到那儿去以后，对日本做了什么呢？给他送上两面旗，一面战旗，一面白旗，告诉日本人，有种你要战就来战，不来战就举白旗来投降。你们不了解东方民族，这是一种羞辱，这叫城下之盟，最后日本人举了白旗，对不对？因此，美国人就打开了日本国门。你们这一仗等于没有打，日本人就向你们举了白旗。但日本人的内心想法不是这样。为什么日本人以后会在珍珠港打你一下子？中国有两个成语——“卧薪尝胆”“韬光养晦”。日本人都做到了。

从“黑船事件”到偷袭珍珠港，经过将近一百年，日本终于报了一箭之仇，这就是日本人。日本对中国历史的研究和继承，某些层次上一点不弱于我们中国自己。你那时候一个“黑船事件”，日本人尚且一直记得，你们可以想一想，日本人以后打中国的时候提出一个“大东亚共荣圈”，驱除白人，到了缅甸依然喊这个口号，驱逐西方白人，这并不仅仅是一个政治口号，内心的想法就是你美国当年推行的“门罗政策”——美洲是美洲人的美洲。日本人的说法就是，亚洲是亚洲人的亚洲。我们一定要把这些问题从历史上梳理清楚，才能看清现实和未来。“黑船事件”后，美国人认为，你投降了，好了，我就可以跟你做生意了，你把他放下了、忘掉了。但日本人没忘记，“明治维新”就是一个民族的韬光养晦，一个民族的报仇雪恨，一个民族的卧薪尝胆的一个过程。日本通过这个卧薪尝胆以后，先和中国发生了战争，他通过掠夺中国的财富壮大自己，接着就打败了俄国。日本以后的政治纪念活动当中，很少纪念甲午战争，他主要纪念日俄战争。他说我一个亚洲的小国打败了一个白种人的大国。在日本人眼中，美国人和俄国人都是白种人。这个时候，美国就该警惕了。

【**王文**】对，没错。

【**戴旭**】到1928年，日本关东军参谋石原莞尔做出一个判断：未来的世界大战，是东西方文明的大决战。日本必将代表东方文明与西方文明进行大决战。这就要先改造和团结中国，这个改造是血腥的改造，目标是把中国绑上日本战车。所以我们并不领这个“改造”的情。日本要代表东方文明和西方文明进行决战，这才是问题的本质。到“珍珠港事件”爆发后，很多美国人局部地看问题，孤立地看问题，认为“珍珠港事件”就是日本在挑衅。但是中国人看问题是要按照历史长卷展开，历史是不能隔断的，中国人爱讲历史，我从这个地方看，日本为什么这个时候打你，对不对？

日本人侵东三省以后，主要目标就是苏联和美国，关键是先打谁的问题。1939年打了个诺门坎战役，试探一下能不能配合希特勒干掉苏联，但被苏军打了回来，于是1941年掉转枪口，又向美国开战。他并没有把中国当作主要的战略对手，能打掉中国就打掉，不能打掉也可以媾和。他的目标是改造中国，团结和改造中国来和西方对抗，西方始终是他“二战”打击的主要目标。

【王文】美国人担不担心日本人的报复？

【马伟宁】现在？没有。80年代有。

【王文】现在怎么看待日本？

【马伟宁】这就是我们文化不同的一点。我祖母那代人，很多人对日本有看法，有历史性的感情。但基本上，我认为他们那段历史已经不存在了，不影响今天。所以，我们就不管那段历史。日本和20世纪二三十年代时的情况完全不一样了，所以我们就不再关心那个时代的历史。我们80年代担心最大的一个问题就是经济，因为那时我们的经济不是特别好，而且日本的公司和他们的政府关系是很密切的，政府的目标就是帮助他们的公司。我们的想法就完全不一样，美国政府只制定规则，公司间竞争就可以了。日本的想法是要帮助自己的公司，所以在80年代就是一个比较严重的问题。日本的公司越来越好，到美国来拿越来越多的东西，美国公司很难进入日本的市场。这就是为什么80年代末我们很担心日本。

【王文】现在呢？

【马伟宁】90年代初，日本的经济就崩溃了，停止了经济增长。

【王文】我觉得你有一点讲得挺真诚，就是美国人看问题是没有历史感的。其实，从历史上很容易看清楚，真的对美国造成伤害的是两股力量：第一股是恐怖主义力量；第二股就是日本。美国的领土受到的仅有的两次攻击：一次是恐怖主义制造的“9·11”事件；一次就是日本军国主义偷袭珍珠港。日本有没有可能会军国主义复活？

【马伟宁】我们基本上认为这是一个已经成为历史的问题。今天的日本和美国都不再是20世纪三四十年代的日本和美国。所以我们对历史有不同的一个想法。如果造成某个历史事件的环境还存在，与现实很类似，那就应该看历史，用历史来预测未来；但如果现实已经和历史完全不一样了，就不用再看历史。

20世纪三四十年代，我们应该了解日本的历史。因为当时日本的政府、想法、政府结构，都是相同的。历史和现实是连在一起的。日本政府公开发表了很多声明，就是日本饿死也要打仗。

【王文】其实你刚才讲的内容又引出来一个话题，就是中、美、日的大三角关系，刚才戴旭先生讲的是从历史的角度重新来反思中、美、日大三角关系，但马先生好像是只看现实，认为历史已经过去了。

【戴旭】这正反映了中美两个民族的思维差异。这可以从美国的电影和中国的电影中看出来。上次美国的电影《阿凡达》在中国放映的时候，我就写过一篇文章，指出当《阿凡达》放映的时候，中国正在拍摄和上映的电影是《无极》、是《满城尽带黄金甲》、是《孔子》。《阿凡达》的特点是什么呢？时间上是向未来，空间上是向太空。这就是美国思维。中国人在想的是，我们今天治理这个社会，我们和其他国家相处，我们要向孔子学习，要回到两千年前。中国人站在今天向两千年前走去，美国人站在今天向一千年后走去。这两种思维方式导致了双方之间的差异。我们在这边反复不停地提醒美国：你一个“黑船事件”尚且导致了“珍珠港事件”，那么你两颗原子弹又会在未来导致什么样的事件呢？这是中国人在思考，中国人在替美国人担忧。但美国人并不这样认为，美国人认为到了那个时候出了那个事件我再说。在报复的时候，我再打你，打不过你我就走。

【王文】更重要的是美国反过来担忧中国。

【戴旭】当初美国之所以会突然遭受本·拉登的打击，也是因为小布什当初把敌人设定为中国。一直向着遥远的、模模糊糊的、可能是害自己的目标驶去的时候，突然钻出来一条“鳄鱼”，咬了你一口。美国并没有想一想，自从美国立国以来，到现在二百三十七年当中，中国没有一次主动挑衅过美国，没有一次主动打击过美国。双方反而多次合作。真正伤害过美国的，就是日本的军国主义、德国的纳粹主义和本·拉登的恐怖主义。这三者伤害你了，却没有成为你主要打击的对象和警惕的方向。反而去关注中国，去警戒中国。在中国这样一个具有历史文化积淀的民族看来，美国的这种思维是不可理喻的。美国走到中国门前，屡次在军事、政治、经济等多个层面对中国进行遏制和围困，中国才说你美国可能威胁我，实际上中国人念念不忘的是日本。如果没有美国这个外在压力，中国关注的重点一定是日本。中国没有像你们想象的那么大的雄心。美国不光是一个没有历史感的国家，还是一个逻辑思维不够强的国家。所以我们觉得，中美双方之间，无论是政府机构还是军方之间的对话，都要先找到思维方式的共同点，这一点恐怕是非常重要的。不然就是你想你的，我想我的。

【王文】不在一个层面上。

【戴旭】不在一个层面上，不在一条线上，这就没办法了。这种情况下最容易造成误判。还回到朝鲜战争这个问题上。朝鲜战争是一连串的误判造成的。对此，我要再重复一下。为什么要重复呢？因为它对今天格外重要，由于金日成南下，第七舰队就进入台湾海峡。这一误判之下的草率行动，让中国对美国充满了警觉，却还不足以让中国出兵朝鲜半岛。美军在仁川登陆是第二个刺激，中国还是没有动。美军越过“三八线”北上，攻陷平壤，这对中国是又一个刺激，中国还是没有动。什么时候动的？麦克阿瑟越过平壤向鸭绿江进军才引发了中国的介入。对不对？炸弹落到了中国丹东的土地上，是不是这样？中国出动军队了。你一步一步走到这个地步，我没有办法，一定要出兵。而我一旦出兵的时候，那就没什么可说的了。当中国也决定用你的方法来对付你的时候，双方之间用语言对话的通道将会彻底瓦解，到这个时候，再去沟通就来不及了。这是中国思维方式的特点，他会一再地判断你。中国下决策的过程是很漫长的。他反复不停地在看，一直在看。包括今天我们在钓鱼岛这个事件上，我们也一直在关注，日本他走多远，他想怎么样。这个过程，判断的过程就是下定决心的过程。我一旦把这个形势判断清楚、意图判断清楚，一旦决心下定的时候，无论你再做什么都已经没用了。这个时候你就变成被动的了，被推着往前走，这个时候就没有办法了。所以我觉得思维特点在国家之间、军队之间，应该是非常重要的。要知道对方是一个什么思维方式，对方关心什么话题，他是怎么看的，这一点非常重要。

【王文】戴旭先生讲得很有道理，我非常赞同。我觉得，美国缺乏对中国战略文化的研究，也同样缺乏对日本战略文化的研究。过去美国曾经研究过日本，最著名的一本书是《菊与刀》，那是1946年写的。

【戴旭】到现在没有超过这本书的。

【王文】对，到现在没有超过这本书的。伟宁先生怎么看这个问题？能否从文化角度来谈一下，在美国的战略思想下，中国是什么样的，日本是什么样的？

【马伟宁】美国人和亚洲人的不同，你们是知道的。因为我们的历史很短，所以我们就按照我们自己的文化，认为历史就是历史。不是我们不知道历史，但是我们不算历史，我们认为越悠久，历史就越变成一个障碍，就越变成一个问题。有很多人就希望不看历史，从今天开始，就事论事。比如说钓鱼岛问题，如果我们不看历史，就变成了一个真的岛，这个岛是谁的，我们不知道，但是如果从现在看，我们可以想一个办法，我承认这个岛是你的，你给我们的资源是多少，没有多少历史背景的问题，反而是可以解决的。如果我们可以不考虑历史因素，那就很容易解决，我们对全世界的看法都是如此。我们一直在表示我们看未来不看历史，我们这么解决巴勒斯坦问题，印度和巴基斯坦问题我们也多次从这个角度提出解决方案，因为我们不看历史。我们立足当下，以领土换和平，完全是公平的。所以，不是我们不了解历史，而是我们经常认为历史会变成自己的障碍，而我们应当回避这个障碍。

【王文】在你看来，历史本身就是问题。

【马伟宁】这是一个思想差异问题。以前欧洲也是这样，因为历史就是英国打法国，法国打德国，德国打法国，法国打英国，他们一直在打仗，打到最后，最坏的结果就是“二战”。而一旦克服这样的历史，情况要好很多。但是，除非有非常重要的、恶劣的情况发生，否则很难克服这样的历史。而在亚洲、在中东，我们还没有这样一个变化的事件发生，所以各方应努力去克服历史。

【王文】这倒是一个很有意思的逻辑，也有一定的道理。他其实一直在说“冤冤相报何时了”。但是我觉得呢，我们可以讲一个比较实际的问题。在钓鱼岛这个问题上，当去年局面不断发酵的时候，习近平到了广西，参加东盟这个会，当时他一针见血地指出来，钓鱼岛问题实际上是“二战”时期延续下来的历史问题。就在最近这几天，奥巴马也在变相地警告日本不要忘了，他是“二战”中的战败者。在具体讲到钓鱼岛问题时，实际上是没有办法回避这段历史的。“黑船事件”可以不讲，但“二战”这个前提是不能改变，不能回避的。伟宁先生刚才讲到欧盟，如果没有施密特在波兰的一跪，欧盟是形不成的。而偏偏日本到现在没有这“一跪”。

【戴旭】日本就是这样。

【王文】由伟宁先生刚才说的内容，我想进一步问：为什么美国不担忧日本，甚至是放弃研究日本，还认为日本肯定会死心塌地跟着美国干，来对付中国？

【马伟宁】"二战"以后，我们就管理着日本。制定了他们的宪法，还帮助他们建立了政府，再加上朝鲜战争的影响，当时我们的关系很密切。在未来不是说日本绝对不会打美国，但是我们现在并不担心他。日本是一个民主国家，是我们的盟国。我们的国家利益不完全一样，但是基本上是同样的。而且我们的关系太密切了，我们不太担心日本。而且他们的宪法自主控制他们军队的力量，从这个角度来看，我们就不担心日本会打我们。日本有三个争议地区：钓鱼岛、"北方四岛"、独岛。这三处美国都有一定的责任。因为"二战"结束以后，我们签订了好几个协议，我们从没有具体来说，什么地方是谁的。举一个例子，"北方四岛"是苏联的，日本在1945年就签订条约完全放弃。然后经过六年，到1951年，美国和苏联的关系已经破裂了，虽然日本完全放弃了领土，我们在协议上没有写交给哪个国家。如果你看历史，只有日本和俄罗斯控制过那个地区，所以只能给苏联，但是我们不承认。现在就是这个问题，苏联已经解体，但俄罗斯还控制着这些岛。日本与韩国争夺的独岛，也是类似的。"二战"战后，我们按照我们自己政府官员的说法、想法，都说是日本的。但是那个时候朝鲜战争正在进行，所以我们没有公开说，最后，韩国侵吞了这些岛，变成管理者。但跟他们认真就是跟我们自己过不去。

【王文】我明白你的意思，首先历史是过去的，而且历史没有说清楚。你们认为谁先拿到，就承认是谁的，我不知道戴旭先生怎么看这个问题。

【戴旭】我个人对美日之间及其与中国关系之间的看法是这样的：首先，日本对于中国是个什么样的角色呢？我们还是要回到历史上，为什么不说钓鱼岛是领海之争，而说是日本要推翻“二战”结果呢？这就是中国人的思维方式，从领导人到普通民众，都要看历史，要看大局，不是看孤立的点。美国就看孤立的点，割裂了历史，他不看结局，就看这个点，争来争去他不就是看这个吗？里边有点儿石油，现在是谁的就是谁的了。中国不是，我们会依据日本的历史，来解释他今天的行为，来预测他以后的行为。

其次，我们看日本怎么看呢？从我个人看，我用人来类比日本，第一，军国主义的日本对于中国来讲是个杀人犯、强奸犯、抢劫犯、盗窃犯，一个打、砸、抢、烧无恶不作的坏人。这样一个坏人，后来又打到美国，我们把美国理解为警察，结果美国把他抓起来关进监狱里。到了监狱里边以后，美国并没有把这个犯人改造好，反而和这个犯人在监狱里喝酒吃肉，沆瀣一气，以后又带着这个犯人到中国来了。中国现在的理解就是，这个警察也是个坏警察，又把当年那个坏人，那个杀人犯带到我们门口。在钓鱼岛问题上，你们扮演的角色，就是这样。日本在我们理解当中就是坏人，这个坏人让你们抓起来了，我们希望你们把他改造好，至少要像德国一样。德国为什么能加入欧盟，因为德国彻底被你们改造好了，这是美国的功劳，对不对？美、苏、中等盟国在第二次世界大战中，同时打败了两个魔鬼，但你们只改造了一个。如果德国也像今天的日本一样，公开宣扬纳粹主义，也唱纳粹的军歌，你们美国会怎么样？但是今天，安倍晋三公然唱“二战”中的日本军歌。“二战”中的日本军队就是唱着这个军歌蹂躏了整个亚洲，你们美国人怎么不管？他参拜靖国神社你们那边是睁一只眼闭一只眼。他后来的很多做法不仅仅是对中国，他实际上是军国主义的一种复活，中国就理解为你们同时抓到两个犯人，你们把一个坏人改造好了，另一个坏人你们非但没有改造好，反而带着他一块儿到中国来了。那中国就认为，就是你们美国没有尽到一个警察的责任。

总之，在我们的理解当中，认为你们至少应该把日本改造成德国一样，彻底与他以前的意识形态、与他的帝国主义行为割裂，这是最低的要求。最高的要求我个人认为，日本，你们既然把他抓到了，就要改造好。从甲午战争开始，日本就成为太平洋上一百二十年来唯一的一个祸害。没有第二个，对不对？他先打了清朝，后来打了俄国，然后又打了美国，在一百多年来是祸害太平洋的唯一的因素。那么美国为什么不能把他彻底改造成一个东方的瑞士呢？日本人的技巧很精密，会造各种各样的仪器。瑞士其实也是这样，瑞士是一个永久和平的国家，为什么美国就不能把日本变为一个永久中立的和平国家？为什么不能改造成一个东方的瑞士？假如你们美国能这样做，我相信你们不仅能彻底地实现太平洋的安定，同时也是对人类文明的一大贡献。就是你们把“两个坏人”都改造好了。那么美国在道德上，站在人类立场上，在这个制高点上，你们也可以飘扬起你们的一面旗帜。但是你们只改造好了一个，没有改造好日本。你们不仅没有改造好，你们今天还带着他过来，你们还站在他一边，给他摇旗呐喊给他打气，让他继续作恶、继续使坏、继续祸乱太平洋。

【**王文**】我觉得最重要的是美国根本不想把日本改造成瑞士，而是想把他改造成一个英国或以色列。伟宁先生能说一下美国怎样定位日本吗?

【马伟宁】那个时候，我们的想法就是，“一战”的结果就是“二战”。为什么？就是因为“一战”结束的时候，英、法就把德国的一些土地割走了，然后，限制德国的军备。以前战争结束后，彼此都会有这样的要求。结果就是希特勒上台，“二战”爆发。为避免战争，我们的想法就是，不对他们进行历史报复，而是恢复他们，并把他们变成资本主义国家，进入国际社会。我们后来对日本的处理就是这样的，如果不完全恢复他们，他们就一直会有不舒服的感觉。这就是为什么我们在宪法中加入了第九条，让他们不再侵略别的国家。但是，也应该让他们有保护自己国民的权力。所以，战后我们也就没有让日本付出多少赔款或完全裁撤军队。而且，那时日本经济的情况也很严峻，需要我们帮助他们稳定局面。很快冷战就开始了，我们需要一个比较稳定的盟国在那边。我们经常会有这样的想法，我们需要一个可靠的、稳定的盟友。所以，有几次，我们就不管他们的政府如何，比如台湾的蒋介石政权，但他是一个可靠的、比较稳定的政权，韩国也是一样的，几个中东政权，包括今天沙特阿拉伯是类似的，以前的埃及的穆巴拉克也是类似的。虽然他们不是民主主义的，没有什么自由，在人权方面也是很不好，但是他们是稳定、可靠的。由于冷战的因素，我们需要这样的人，所以，我们就帮助他们恢复经济，稳定政权。这是现实主义的考虑。

【王文】从现实主义出发，美国认为日本已经被改造得差不多了。不知道理解得对不对?

【戴旭】这是警察的观点，日本已经不敢打警察了。

美国能拴住日本吗?

【王文】通过上面的讨论可见，似乎美国认为同盟关系已经很安全了，已经差不多能拴住他们了。但恰恰相反，你的这个同盟关系恰恰是，你们轻信了同盟关系。不说日本，连菲律宾你都拴不住。我的感觉就是，在过去的一两年里，美国存在一个所谓“同盟的困境”。这个“困境”就是：实际上美国想稳固同盟，但同盟却在松动。所以我的下一个问题就是，两位怎么看待这个“同盟困境”问题。

【马伟宁】我们不能说我们的盟国没有给我们制造麻烦，但是我个人认为每个同盟关系都是这样的，有好的、有不好的。虽然我刚才说我们的国家利益是同样的，但不是完全一样的。很多国家，包括美国的很多盟国，不希望美国做唯一的超级大国。冷战时，因为有苏联在对面，所以美国的盟友必须接受美国的领导。现在没有苏联了，所以我们的盟国在冷战以后就觉得，美国不应该是领导。我们经常碰到类似的问题，因为这个思想一直在跟着美国，特别是我们打伊拉克的时候，这一点尤其明显。我们的一些盟国就没有支持美国，英国、澳大利亚支持了我们，但是法国、土耳其没有支持我们。所以，我个人认为，我们的做法影响了我们的这些盟国。因为我们是一个强大的国家，伊拉克是比较小的国家，所以我们很快赢得了战争，无所谓土耳其支持与否，这个麻烦我们就克服了。但我们没有想问题的本质在哪儿。问题就是全世界开始看美国做的事，影响了他们的想法。冷战刚刚结束的时候，有很多的国家喜欢美国，因为我们帮助他们，特别在东欧，他们都很喜欢美国，土耳其也是一样的。现在，我们的盟国开始跟美国有这样的矛盾，我们基本上就无人去解决这个问题，如果与我们跟关系很密切的国家都有这样的矛盾，其他国家呢?

但同盟关系符合我们的整体利益，所以我们认为同盟的责任就是提出方法解决这些矛盾。所以说日本跟其他国家的冲突或者这些问题，对美国来说，我们不是旁观者，也承担一定的责任，想办法去解决。不是说这些盟国要完全支持美国，比如在伊拉克战争中，土耳其并没有支持我们。虽然是盟友关系，但我们也不会被动地追随日本的行动。可是，毕竟他们是我们的盟国，我们应该去帮助他们和平地解决这些问题。不是说我们就决定如此，而是必须维持和平。泰国也是我们的盟国之一，他跟邻国也有一些问题，我们并不是说完全支持泰国，而是帮助他和平地解决这些问题。所以美国对菲律宾、日本、泰国的政策都是一样的，问题是现在如果我们跟我们的盟国沟通不够，就比较容易出现问题。他们的国内政治影响他们的外交，就会把我们拖入他们的问题，这是近两年一个比较大的问题。我们虽然努力帮助他们，但是也不能放弃美国的主动权。我们刚才说外交纠纷，我们跟日本有联盟协议，就是互相帮助。所以，如果冲突发生了，一个国家，不管是中国、俄罗斯还是韩国，和日本发生了冲突，我们必须去帮助他。但是这并不是说，我们支持他做不法的事。这就是为什么我国发言人说我们会保护日本，却并没有说钓鱼岛就是日本的，也就是说，一旦某个国家攻击了日本，我们就会与日本站在一起。这就使中国感到，我们无条件支持日本。但是，我们也告诫过盟国，我们不会无条件地支持他们。

【王文】对，不能挑衅。戴旭先生怎么看待美国在亚太的同盟体系？

【戴旭】同盟体系有这么几个问题：第一，我们都知道同盟一定有共同的敌人，比如说北大西洋公约组织，是以俄罗斯为敌人。那么你在亚太组织一个同盟，你的敌人是谁？如果没有这个敌人，你又何来盟国呢，对不对？你的联盟针对的是谁呢？为什么你们不把中国作为你们的盟国呢？“二战”当中，中国曾经是你们的盟国，因为有日本这个敌人。为什么你们后来去和菲律宾，去和其他一些小国结盟，为什么没有把中国纳入你们的同盟体系？你们结盟的基础是什么？第二，按我们的理解，你们通过制造中国这个敌人来维持和日本、菲律宾的同盟关系，对不对？宣扬“中国威胁论”，鼓动他们向中国挑衅，加剧双方的争端，以此让这些小国依赖你们。然后，这些小国就利用这个同盟关系向中国挑衅，获取他们不正当的国家利益。这就是目前菲律宾、日本、越南挑衅中国的根本性原因。其中越南虽然还不是你们的盟友，但想成为你们的盟友。他们之前那么多年都没有挑衅中国，现在你们重新强调了与他们之间的盟友关系，突然之间，这些国家对中国的挑衅全都出现了。如果没有美国的表态，菲律宾怎么可能向中国挑衅呢？还有日本，如果钓鱼岛“购岛”问题出现之前，日本不和美国进行密切的、各个层面的互动，没有获得美国的这种表态，日本怎么可能会在钓鱼岛问题上对中国得寸进尺呢？

其实这些小国是在利用美国来达到自己的目的。用我们中国的一句成语叫“狐假虎威”。首先，日本是个战败国，政治地位上是不能和中国比的，军事上日本也不占优势，他凭什么敢在钓鱼岛问题上向中国挑衅？就是依据了你们日美间的安保条约，利用了你们的支持。虽然我不知道美国想利用这些盟国干什么，但可以肯定美国的盟国想利用美国达成自己的目的，想利用与美国的盟友关系向中国夺取其不正当的国家利益。中国不满意美国的原因就在这里，我们不是不敢打这些国家，随时可以打败他们，只是我们也顾及中美关系。但这不是中国害怕美国，不存在这个问题。中美间现在并不是敌对关系，因此中国始终没有使用军事的手段来对付他们，原因就在这里。但一些国家越来越超出底线，在中国疆域内胡作非为。我一贯主张，对超出中国容忍限度的国家予以严惩，部分原因也是为了维护中美关系，维护地区和平。更大一点说，就是维护世界和平。这些国家目前已经构成了亚太地区的乱源。比如，菲律宾毫无道理地在中国领土黄岩岛上向中国挑衅，还在南沙占了我们九个岛礁，中国一直没有理他。像越南，悍然公布他的“领海法”，这些不是主动的挑衅又是什么呢？还有日本在钓鱼岛非要通过一个“购岛”协议，这些对中国来讲，都属于不可容忍、不可饶恕的行为。目前，看不到他们有收敛的迹象，问题一直在恶化，这种挑衅是无底线的。他们各自都不具备这样的力量，谁给他们的胆量向中国挑衅呢？是美国。

前边刚刚讲了，在中美之间不存在畏惧与被畏惧的关系，中国不畏惧美国，更不可能畏惧其他国家。中国一再克制并不是出于畏惧，我们在干什么呢？我们在判断，我们要看清他们真正的用意是什么、在判断他们能够走多远，朝鲜战争非常清楚地说明了这一点。从6月25日爆发到10月，四个多月的时间做出了这样一个决定。一旦决定后，就是三年多的血腥大战。我觉得对这些小国也是一个历史教训。他们应该看到中国不动则已，一动起来，结局就是不可预料的。这些国家都没有意识到这个问题。他们没有战略思维，格局小，视野狭窄，不具备大的战略思维。当年就是因为朝鲜半岛的两个小国把两个大国拖进了战争。现在依然存在小国把大国拖进战争的危险。中国不可能无原则地一再容忍，无论从我们这个民族的情感上讲，还是从维护本地区和平与稳定上讲，中国都绝不会允许这些小国继续挑衅。

就像美国维护了美洲的安定、俄罗斯维护了中亚的安定一样，中国也有责任和义务维护亚洲的安定，这是大国的责任，天然的责任。一个负责任的大国应该保一方平安，维护一个地区的稳定，不允许破坏者继续闹下去。我们并不认为是你美国指使他闹的，刚才你也讲，你们也不会允许他无底线地利用与美国的同盟关系。但是那些小国就会认为，美国会一直支持我。在这个时候，中国正在看你走多远，如果超过了底线，那我是没什么说的了。

【王文】戴旭先生又向伟宁先生提出一个问题。我总结一下就是：首先，戴旭先生刚才讲的是，美国的这个同盟体系起源于冷战，现在冷战已过，同盟体系依然存在，还以一种敌对的思维存在，其实同盟体系已经过时；第二，同盟体系越来越成为亚太不稳定的乱源；第三，美国应该尽早取消同盟体系。不知道伟宁先生怎么看这三个问题。

【马伟宁】第一点，我不同意你的意见，我不认为盟国必须有一个敌人。比如说，没有一个国家去威胁泰国，但是我们也维持了盟国关系。同样，也没有一个国家威胁澳大利亚。所以我并不认为盟国关系必须有一个敌人。

在第二个方面，我还没有完全想好，但我认为，你的意见有一点矛盾，你认为，日本等国家如果没有与美国的同盟关系的话，他们不会跟中国有冲突，为什么呢？因为中国是极为庞大的国家，日本无法直面中国。但这不符合国际关系的准则。而且如果没有美国的话，日本就不可能在矛盾发生时坚持下去。对这个问题，我并没有想好，但我的感觉是中国打算使用权力手段解决国际矛盾。我并不能完全理解你的逻辑，你刚才说中国不会攻击他国，会和平地解决国际纠纷，要保护亚太地区。但这样的话，你们打算怎么解决钓鱼岛问题呢？

【戴旭】因为马伟宁先生不太理解这个逻辑，那我再重复一下。我一贯主张我们要从历史上梳理，但是这个历史不是很遥远的事情。比如，现在的南海问题是从上次希拉里来访出现，那时宣布美国要重返亚太，从那时开始，菲律宾的行为就开始不可理喻了，包括向联合国提议把南海更名为“西菲律宾海”，在东盟各国之间串联，一直到后来发展到黄岩岛对峙，是不是？前因后果总是有的。从那时开始，南海局势就开始失控了，之前没有。当时希拉里在东盟会议上的表态，就好像是美国对他们的无限支持，随后，一系列行为就出现了。当时的越南也是这样，越南一直派遣飞机进行“巡逻”，并宣示主权，所谓的“越南海洋法”也已经准备了很多年，但为什么不早不晚，偏在这个时候公布？也是在看美国的态度，并且也邀请美国军舰访问。日本就更明显了，钓鱼岛问题此次事发前后，日本都在和美国密切互动。那么我们是如何来做出我刚才说的那个判断呢？也是我前面说的，我们依据美国的言行来判断美国的动机和意图。同样地，我们现在判断这些国家，也看这些国家的言行，都不能说没有受到美国的影响。

而且，美国军队也在南海周边地区释放错误信号，比如在黄岩岛对峙期间，你们的舰艇到菲律宾进行演习，还向菲律宾提供武器，又在言论上有过支持。我们依据菲律宾的行动，依据你美国的做法做出判断，至少菲律宾是在利用和美国的盟友关系，利用美国对他的支持——不管美国想不想这样，他就是在利用你。日本也一样，对不对？他和美国之间没有沟通，在这次钓鱼岛问题上，美日之间的日美安保条约，美国最近签署的国防授权法案，美日连续进行的联合夺岛演习，美国的“猛禽”“鱼鹰”和“全球鹰”进驻日本，没有这些行为在先，日本会像今天这样日甚一日对中国猖狂挑衅吗？钓鱼岛事件从最初的纯粹外交事件上升到日本一次出动八架美制战机，拦阻我们一架完全没有武装能力的小型飞机，一直到最近，日本声称要对中国巡逻飞机进行“警告性射击”，日本在迅速升级中日间的危机。而如果没有日美之间的互动，日本不敢冒险推动危机升级。我们就是据此做出之前的判断的。

【马伟宁】这个我都比较了解，我不是说他们不利用美国，我们还是谈谈同盟关系。我的看法是，如果美国明天突然放弃了在亚洲的利益，并离开亚洲，此时，亚洲再发生问题会怎样解决呢？如果你说中国要用和平手段解决这些问题，当然不会使这些小国恐惧中国。但如果中国用武力解决矛盾，这些小国也必然以武力对抗中国。因此，在这方面讲，美国确实影响了东亚地区的局势。

回到第一个问题，我认为，盟国并非必须有一个敌人。一方面，即便中国没有敌视日本和菲律宾的意图，但并不意味日本和菲律宾等国家也能确认中国没有这样的意图，确保安全就是维持联盟的意义所在。另一方面，如果中国没有这样的意图，日本和菲律宾等国家怕什么呢?

【王文】刚才戴旭先生讲的很重要，现在美国被他们牵过去了，美国被绑架了，被这些盟国绑架了。昨天最新的消息是日本媒体报道的中国十几架军机已经过去了，经过钓鱼岛。现在日本的军机也开始拦截了，这是高风险的游戏，到时候碰掉一架，或是开火等，这时候美国该怎么办?我刚才还有一个问题伟宁先生没有回答——这个同盟体系是不是过时了，是不是应该取消?因为过去，同盟体系的建立是为了保障你美国的利益，要防御苏联。现在这个同盟体系成了美国的负担，相当于你不得不在这个问题上做一个抉择出来，那就是万一你的“小朋友们”再往前走一步，你将不得不陷入和另一个大国的对抗中。美国怎么来处理?我想听听伟宁先生的看法。

【戴旭】也就是说，中美之间实际上都没有直接进行战争的意愿，但是这些小国就很难说了，一旦他们和中国发生冲突，中国惩戒他们的可能性是完全存在的。那时，美国的同盟关系使美国变成了同盟关系的人质，美国会怎么应对?

【马伟宁】如果冷战结束时，中美就做好沟通，那么，也就没有今天美国在东亚的联盟关系了。但中国在这方面也是有责任的，现在的问题就是盟国关系已经延续到了现在。但是不管怎么样，我们一直对我们的盟友有承诺，包括对日本、泰国、菲律宾以及中国台湾

等。如果我们放弃了这些承诺，那对我们的未来会有很大的影响，以后就没有人会相信我们了。

【王文】我知道这个问题你很难回答，你讲的还是比较模糊，我再把这个问题简化成“是”和“否”的问题。实际上美国现在面临两个选择：一个是维持比较和平的、稳定的对华关系；一个是你的同盟体系。实际上一旦发生冲突的话，你两者必然选择一个，而且两个只能选一个，你在两难里面会选择哪一个？作为一个美国军人，你怎样看？

【马伟宁】我不同意做这个选择，在美国我们叫这是一个“force choice（强迫选择）”。

【王文】对，被迫的，但现在看来很有可能。比如说，假设昨天中国十架军机过去，日本也十架军机过去，碰了一下，一架军机掉下来了，中日之间必然会打起来，当然我们并不能说打多大，那你美国参不参战？你们不参战，他就说你同盟体系不行，不负责任；你美国参战，你还想跟中国搞好关系吗？

【马伟宁】我不同意，因为我们并不知道开战的概率，这里面有很多的灰色地带，不是非黑即白的，要看具体的情况。我在复旦大学的时候，也常被问及一个问题：一旦大陆和台湾之间发生冲突，美国会怎样行动？这个问题几乎无法回答，如果有冲突的话，美国会不会介入？当然要介入，但是介入程度有多深，则不能判断。

美国挑动中日同归于尽？

【王文】伟宁先生的看法代表很大一部分美国军人的看法，就是美国对整个东亚互动进程的掌控权很有信心。美国认为不会突然间打得一塌糊涂，美国有充分的掌控权，不会被迫加入进去。戴旭先生怎么看？

【戴旭】我对美国这样一个做法有两个最基本的看法。首先，尽管伟宁先生一直在强调美国没有战略，我还是不同意。我一直有一个基本判断，因为我是做美国战略研究的，要依据历史和现实进行推理，要放在大的时空格局内。美国在当前世界上的历史定位是怎么形成的呢？主要是他自身努力的结果，但同时受外部因素的影响，比如说欧洲的两次世界大战。前面讲了，欧洲现在实现了和平，但美国在其中的角色呢？欧洲国家间内在的相互抵消是主要因素，比如英国打德国、德国打法国，“二战”以后所有的欧洲强国都相互抵消殆尽了，最后成了美国的附庸。无论工业、军事都是美国最强，欧洲国家就变成了美国的小伙伴。今天，还没有被纳入美国体系内的政治力量都在亚洲。在亚洲，被纳入美国联盟体系的

只有一个日本。印度有一百多万大军，中国有两百多万大军，俄罗斯是欧亚大国，也有一百多万大军，都不在你的体系内。而欧洲在你体系内的国家只有十几万军队，亚洲三个百万以上大军的国家都不在你的体系内，朝鲜也是百万大军，巴基斯坦有七十多万大军，同样不在你的体系内。美国有没有一种设想或想法，希望这些大军的力量相互抵消归零呢，也变成另外一个欧洲呢？今年是2013年，距离1913年只有一百年，距离第一次世界大战只有一百零一年，你美国有没有战略家做这样的设想，也希望亚洲发生一场亚洲版的第一次世界大战，让亚洲的政治力量和工业力量相互抵消，互相归零，都统一到美国主导的全球体系之内，有没有这样一个想法？如果有了这么一个想法，今天中日之间的矛盾就有了依据，就完全可以解释，就是希望中日的政治力量、军事力量通通归零。形象地说就是象棋中的“对车”，双方的“车”都没有了，只剩下一群“小卒子”，最终，双方都归于我这个体系。如果有了这样一个大战略的考虑，今天中日之间的问题就非常好判断，而且未来的趋势一目了然。美国在这里面只要掌控一点——让中日之间先打，相互抵消，然后，美国就像在欧洲一样，建立一个“亚盟”。不谋全局不能谋一域，不谋万世不能谋一时，中日开战后，你美国一定不会直接参战，而是出钱出武器，鼓动日本一直和中国打，包括在联合国操纵，让日本放开打。最后日本的经济打光了，日本的军队打光了，中国的经济也打得差不多了，行了，这个时候美国出来调解了，对不对，不要再打了，双方回到联合国的轨道上来解决问题，在这个地区，你美国担心的问题没有了，中国的经济大幅退回到过去几十年，日本也倒退回去几十年，美国可以长舒一口气说，好了，他们两个都伤了，我赢了。对不对？

【王文】美国会坏到这个程度吗？

【戴旭】我这是推断美国人的战略思维，知己知彼嘛，如果是这样的话，中日之间的矛盾也是可以预测的，美国的行为也是可以预见的。如果不是，还有第二种推断，我来讲一下我的第二种推断，那就是美国仅仅在利用日本牵制中国，美国集中力量带领欧洲去打掉叙利亚和伊朗。这个时候，中日之间的冲突就是有限的，美国可能就是一只手推着日本在向前走，但同时准备撤出一条腿来，并不希望和中国发生直接交手，而是让日本和中国发生规模有限、局面可控的冲突，以把中国牵制住，而你们可以集中力量把叙利亚、伊朗拿下。这是两种可能。在这两种可能下，局面对美国都是可控的。

【王文】伟宁先生怎么看戴旭先生的这种逻辑和推导？

【马伟宁】我也希望国际关系如此简单，让别的国家相互战斗，美国就可获益。但不幸的是，并非如此。首先，这里面包括了很多国家，而且战争充满不确定性，而且也不符合我们国家的利益，我们从来没有听说哪个美国人想过，只要中国和日本打仗，就可以建立一个“亚盟”。

虽然我们也希望我们的盟国承担一定责任，在全球都支持我们。但是我们没有想过让日本与中国发生冲突，从而使我们的军队投入另外一场战争，完全就没有这样的想法。因为，对美国人来讲，这种选择是矛盾的，如果日本和中国发生冲突的话，我们的军队就会向这一地区集结，我们无法向其他地区投射力量。

另一方面，我们也确实希望能有一个“亚盟”出现，我们都知道这种组织的好处，但这种组织的有效性很成问题，形成所需的时间也很长，国家间总是有各种矛盾，所以，建立这样的组织也极为复杂。

总之，我个人还没有听到过这样的想法，亚洲几个国家要打仗，然后美国出来收拾残局就能建立第二个“欧盟”。而且现在的亚洲和当时的欧洲也是不一样的。所以，这是完全不可能的。

而且，我们都认为，在亚太地区发生的冲突会破坏美国的利益。我们需要稳定的、和平的局势，这对我们的国家利益是最有利的。在这一点上就跟中国差不多，中国也是要和平的、要稳定的。总之，我们没有想过，让其他国家打仗，这样美国就可以接管这些国家。

中美合作才能确保亚太地区和平

【戴旭】 中国追求亚太地区的和平与稳定，这是当然的，全世界也是相信的，我们的首要目标还是和平发展。如果美国真如伟宁先生所说的那样，追求太平洋地区的和平和稳定，那为什么中美不可以坐下来分析一下目前谁是导致亚太地区不稳定的根源呢？是日本、菲律宾，或是其他的国家，是谁在导致不稳定？我们还是回到第一次谈到的问题，中美是否能够联手共同管理亚太。中美都是联合国常任理事国，我们在政治上可以制约其他国家，中美两国在经济上的影响力更不用说，中美可以联合制约亚太地区所有捣乱分子。如果中美都想维护亚太地区的和平稳定，我相信一夜之间就能实现，因为我们有全面的优势。为什么我们不能向这个方向去努力呢？为什么我们不能为了这个共同目标坐下来谈一谈，达成一个协议呢？但如果事实上是一方想稳定，另一方则暗自希望潜在的不稳定，这就不好办了。

【王文】 这点很关键，这是一个值得深思的新问题——中美能否，以及如何共同管理亚太的问题？

【**戴旭**】中美不一定共管世界，因为中国不想管世界，但是共管太平洋中国还是比较热情的。

【**王文**】或者更具体一点说呢，就是目前在亚太问题上中国希望同美国有更多的合作，但是美国似乎并没有接受中国的合作。

【**马伟宁**】合作什么呢？

【**王文**】比如说稳定、和平。

【**马伟宁**】这是一个希望，不是一个行动。

【**王文**】那你希望有怎么样的合作？

【**马伟宁**】因为我们也要同中国有合作，首先是把我们的负担减轻。一些人认为中国越来越融入当今的世界结构，可以对稳定和未来有一些贡献。总体来说，美国的观点有两种：一些人认为，中国是崛起中的国家，从历史上看，崛起的国家对国际结构有破坏力，所以要改变中国。另一些人认为，中国对今天的基本的国际结构是基本满意的，符合中国的利益。虽然中国不想要美国当国际领袖，但是中国对体系的结构是比较满意的，符合中国的主要利益，比如在经济方面、安全方面，所以这派人认为，中国越来越多地参加国际行动、国际组织与国际事务是一件好事。这就是为什么最近在索马里，中国参与打击海盗是非常好的，因为这是代表中国有意愿去帮助落后的国家。在他们自己的利益外，愿意提供一些帮助来让那个地区变得稳定、安全，而且这些地方离中国很远，表明中国愿意在未来当一个负责任的大国。大国同小国有不同的责任，大国要承担一些责任，在这些方面，中国做得是比较好的。

【戴旭】但是在亚太地区呢?

【马伟宁】在亚太地区，我们也要合作，但是在这方面还有点难，因为从最近几十年来看，中国经常是从高层政治问题往下走，美国经常是从底层问题往上走，在这方面，中美有些矛盾。我们怎么才能开始合作?如果中国认为应该先建立信任再展开具体的合作，这个对美国来讲有点难。因为我们认为，应该先有相对应的合作，然后有更高层次的合作。所以在这个方面，需要有合适的情况才能够开始合作，至少是互相了解。

【王文】那你能不能举几个具体的例子?

【马伟宁】上次的联合搜救演习，不是传统中式的演习，是非战争性质的。所以这是一种较好的方法，可以增加我们互相的了解和交流，扩大中美间的信任。但是如果我们打算建立一个新的活动或者组织，这个就有些难，因为我们的看法不同，而且也要看对别的国家有什么影响。关于那个演习：第一，就是我们真的能够在那儿举行演习；第二，就是演习的内容。所以我们可以在比较合适的地方开始这样的合作，但是我们应该从已经成功的组织开始合作，不然的话，建立一个新的活动有些难。

【王文】戴旭先生，你觉得呢?

【戴旭】怎么样才能合作，我认为取决于双

方。我们谈到的这种合作与外交官和学者谈到的合作是不同的概念。我们之间谈到的合作，既有意向，还要有项目，项目是用来支撑意向的，我们不能光有想法，如果没有具体的项目，这个想法没有任何意义。我们中美之间在太平洋合作什么，着力点要找到。

我觉得刚才马伟宁先生已经说了，我们都需要太平洋的和平与稳定。那么我个人理解的呢，中国的这种愿望是真诚的，连“可能”这个词都不需要，我觉得美国，是不是需要一个和平稳定的太平洋？如果是的话，那么我们要找出原因。太平洋现在是不稳定的，那么不稳定的原因在哪里？谁导致了它的不稳定？既然双方有了共同的追求和目标，我们就共同解决这个问题。

既然大家都是军人，那么我就不绕圈子了。我个人认为，目前，太平洋地区的不稳定因素，首先是日本，其次是菲律宾，最后是越南，潜在的还有几个国家，而不是中国。前面讲了，任何一件事情只要一梳理，就会发现不是中国挑起的，我们都是被动地在应付。这里面又回到中美之间互相认识对方的问题。

我觉得美国可能有一些人在想，如果我保证了太平洋方面的稳定，那么中国会越来越快地发展，那么，这种太平洋的和平与稳定不利于美国，而有利于中国的发展。因为美国不太希望别人的力量强大，而这种和平与稳定会导致中国的发展和强大。因此是不是你们美国就会有人想到，如果这个地区不稳定，是不是会牵制中国的发展，是不是有些人会暗自希望这个地区不稳定？不稳定牵制中国，不稳定会使小国更加依赖美国，让你们美国的盟友关系更加牢固。所以，我个人认为，我们希望的和平与稳定是正常的，而美国未必希望太平洋的和平与稳定，可能一部分中国人认为美国不希望这个地方和平稳定。这就导致我们好像说起来都是一样，但是做起来又不同了。比如说钓鱼岛问题，日本挑起这件事情，如果美国希望稳定，就应该希望双方都不要激化事态。但美国事实上不是这样，美国是站在日本一边的。美国可以同日本协防钓鱼岛，美国为什么不能保持中立，说双方在这件事情上要通过谈判来解决？美国扮演一个公正的角色也行。钓鱼岛事件就可以谈了，用不着都派飞机，到不了这一步。之所以到了这一步，一般人来看，是你美国并不希望这个地方稳定。假如说美国希望这个地方稳定，为什么和日本在钓鱼岛地区多次军演，却不和中国军演？这是你们在这里保持和平与稳定的诚意吗？我们不是说美国非得同我们搞一场演习才行，你至少得保持公平吧。如果美国说他既不和中国演习，也不和日本演习，中国人也会相信美国是公平的。为什么中国不埋怨俄罗斯？因为俄罗斯说了同双方都不搞演习，偶尔要搞的话也是平衡的。中国也不埋怨巴西或者其他的国家，因为他们都没有偏袒任何一方。事实上美国都是偏袒一方的，同日本，同东南亚国家搞了这么多军演。正是美国的言行不得不让中国怀疑美国是否真的希望太平洋地区的和平稳定。说白了，美国真的要追求太平洋地区的和平与稳定吗？这就是问题的根源。如果这个问题解决了，就像我上午说的那样，太平洋地区的和平稳定，一夜之间就能实现。

【马伟宁】首先，你确实是提出了，如果美国要稳定亚太地区的话，我们就要告诉中日双方，双方的飞机都不要飞到钓鱼岛，但是谁会听美国的话?

【戴旭】这个你可以说出来啊，可以说出来试试。

【马伟宁】如果我们说出来的话，说中国不要往钓鱼岛派飞机，中国肯定会说:“我们不听美国的。”这是美国的想法，虽然美国可以说，但是，比如说，我们对日本说不要往钓鱼岛派人，但是日本肯定会派人去。

【戴旭】但是你至少可以不签署这个《国防授权法案》。你至少不能答应和他共同联防，这个能做得到吧，对不对？我一言不发，一兵不派，这个可以做得到吧?

【马伟宁】在这方面我有些悲观。我怀疑我们没有这个能力和说服力，比如我们对日中双方说:“明天以后就不要往钓鱼岛派船了，这样就能解决现在的问题了。”我不认为美国会有这样的影响力或权力。

可怕的“平局”

【王文】听了两位刚才短暂的交锋后，我觉得我有个更悲观的想法。我觉得在亚太地区谈中美双方的军事合作尚属奢望，现在的关键就是防止中美之间发生冲突。这个我觉得是一个比较现实的目标。反过来说，如果中美不合作，反而爆发冲突，会是什么结果呢？具体到现实中，如果因为钓鱼岛冲突，中日“擦枪走火”，中、日、美分别会怎么办？

【戴旭】中国怎么办？如果发生军事冲突，那就按军事办法解决。中国军队不允许失败，也败不起。中国不怕危机升级。如果中国吃亏，对中国就是“珍珠港事件”。那我们是不会终止的，我们赢了，才有可能会主动停下来。日本怎么办？那就要看日本能不能接受吃亏的结果。如果不能接受，双方就会不断升级。美国怎么办？小打美国可以不管，大打美国必然介入。那美国就麻烦了。

【王文】美国会介入吗？

【马伟宁】我们与日本有安保条约。

【戴旭】这个我知道，但是，我们不在乎。如果日本入侵钓鱼岛，中国一定反击，美国如果介入，那主要的战争就变成中美之间的了。六十年前的朝鲜战争很说明问题，但我今天不说它。我想说，如果美国今天介入钓鱼岛问题并且和中国发生战争，美国将陷入战略困境。我们可以推演一下。首先，中国是不会接受失败的。

【马伟宁】美国也不接受失败。

【戴旭】那就只能是平局。

【王文】平局的结果是什么?

【戴旭】美国有先进的武器系统，有强大的全球打击力量，有现代化的战斗机、航母战斗群、导弹、太空武器、网络武器等，我们都知道。你们有能力炸掉中国的沿海大城市和工业区，像香港、广州、上海、东北等。你们有这个能力。但是，我们也可以把美国驻亚太的所有基地，所有来太平洋的航母集群全部打掉。马先生，你必须相信我们有这个能力。我们不能全球打击，但打击我们周边的这些目标还是可以的。这就是平局。

但这个平局之后，美国就麻烦了。第一，在中美战争期间，俄罗斯一分钟都不会犹豫，就会复活苏联。

【马伟宁】有这个可能。

【戴旭】第二，中东那些反美的力量，如伊朗、伊拉克、叙利亚等，会联合起来；第三，日本会渔翁得利，重新武装强大起来。这三个敌人，对于美国都是劲敌。中美打完之后，中国可以大养伤，大不了还当第三世界国家。但美国变成了“瘸子”，只剩一条腿了，你可以连续打赢三个敌人吗？而且，我们完全可以送给伊朗他想要的东西，你懂的。

【王文】这又是一种“对车”。

【戴旭】对，是中美间的战略“对车”，进而形成中美间的战略平局，但造成的是全球的失控和美国大战略的失衡。

【马伟宁】战争不是美国的选项。钓鱼岛对中国来说意义很大，百年耻辱、主权等。但日本没有这样的伤口。在心理上，日本没觉得像中国这么重要。如果日本放弃钓鱼岛，日本会不会接受？能否想办法让日本接受？这是关键。

首先，中日之间需不需要美国的干涉，如果不需要美国干涉，那么美国怎么办？这个不是美国的问题。如果中国需要美国干涉，那么有可能在钓鱼岛问题上起积极的作用。但是，中国到现在为止的立场一直在说美国不要干涉南海、东海问题，这些不是美国的问题，美国为什么要干涉？如果中国公开地说我们需要美国的干涉来解决这些问题，有可能我们会起到很好的作用，比如告诉日本不要往钓鱼岛派飞机或船只。而且，如果双方都邀请美国干涉钓鱼岛问题了，我不知道美国会怎么办。因为我们经常告诉日本不要打中国，不要与中国发生冲突，但是日本是个独立的国家，不是我们能完全控制的，我们只有影响力，这同中国对朝鲜是一样的，中国对朝鲜有影响力，但是不能说可以完全控制。不能说朝鲜不能发导弹，他就不发了。所以除非中日两国都同意请美国，或请联合国，或者其他的特别组织，三方共同解决这个问题。我不知道美国的作用到底有多大。

【戴旭】我认为这个问题是这样的，南海问题是中国与南海各国之间的问题，钓鱼岛是中国和日本之间的问题，貌似都和美国无关。

其实不然。南海问题确实和美国无关，日本当年战败之后把南海诸岛移交给中华民国，与美国没太大的关系。中国的要求也不过分，美国没必要介入。但钓鱼岛问题恐怕就涉及了美国。因为当初美国和日本之间搞“琉球移交”，就留了一个问题在这里。

在这后一个问题上，我认为马伟宁先生讲的是有道理的，实际上在钓鱼岛问题上，美国的介入会不会有助于问题的解决呢？中国希望的又是什么呢？中国最低的要求，就是希望美国完全地中立不介入。刚才伟宁先生又讲到了一个问题，由于中国没有邀请美国参与解决这个问题，美国就转向了单方面支持日本，如果这构成一个因果关系的话，恐怕这是一个症结。如果日本也邀请了，中国也邀请了，美国可能会保持一个相对公正的态度。就像当年格兰特总统调解琉球问题是一样的。当时，晚清和日本在琉球问题上发生冲突，格兰特出来调解，当时提出一个肢解琉球的方案，把八重山群岛以南划归中国，以北划归日本。尽管后来晚清政府没有同意这个方案，但是毕竟格兰特调解了，相对来讲，也保持了公平和中立。那么现在由于钓鱼岛问题上日本单方面邀请了美国而中国没有邀请，导致美国单方面站在日本一边。这是美国的一个说法吧，因为中国没有邀请我，日本邀请了我，那么我就单方面站在他一边。但是从另外一个角度上讲，你作为一个调解人，不能谁邀请你，你就站在谁一边，你应该主持公道。因为和平调停不同于军事结盟的地方就在于，邀请调停并不是邀请你来帮着打架的，是邀请你来帮着调解的。对不对？

【马伟宁】他是我们的盟国，我们肯定会站在他一边。但是不能说我们完全支持他，或者说他有很多权力。所以，虽然他是我们的盟国，我们的关系非常好，但是并不是说美国随便就会支持他。

所以，2000年前我们提出一个办法来解决这个问题，如果中国不愿意听我们的话，如果其他人来邀请我们解决这个问题，我们怎么办？虽然我们有影响力，但是如果中国不愿意让我们去调解，我们可以说，自第三方看来，最好的办法就是不让中国到钓鱼岛去，也不让日本到钓鱼岛去，就是维持现状，虽然问题依旧存在，但是这样不会发展成战争。所以，最好的办法就是中日双方都不到钓鱼岛去，以后再说。我认为这样就不错，中日两边都要离开。只要有一方不接受，就没有办法。美国可以说说，但都是白说。

【王文】对，我明白了你的意思，就是说，在钓鱼岛问题上美国的能力有限，不要对美国期望太高。但我个人认为目前钓鱼岛已经很危险了，恐怕很难再拖延。不过，刚才来的路上，戴旭先生认为不是特别危险，离危险还很远。那么我请两位先生来预测一下或者推演一下目前钓鱼岛问题下一步的走势。

【戴旭】美国如果以一个善意帮助的心态来介入，中国是欢迎的。我还是建议把这个范围扩大一些，因为钓鱼岛的问题不仅仅是今天中、美、日之间的现实问题，它还是"二战"的一个遗留问题，那么"二战"各方，不单美国，英国、俄罗斯也是可以介入的，尤其是英国,《开罗宣言》就是中、美、英三方签订的。我们也依然可以从这个源头来谈起。对不对？关于琉球地位的定位问题，实际上在《开罗宣言》和《波茨坦公告》中谈得也是非常清楚。日本国家的范围也是非常清楚的。这个（《开罗宣言》和《波茨坦公告》）应该是最大的国际法，是国际法的奠基性的东西。全世界都要遵守，在这样一个国际法的基础上来把钓鱼岛问题和琉球问题一起解决，是比较好的办法。如果美国主持召开一个从国际法的角度来探讨钓鱼岛、琉球问题的国际会议，寻找一个一揽子解决方案，有什么不可以呢？

【王文】不错，中美间共同的利益就是共同捍卫“二战”的成果，现在日本要翻案，所以这个时候中美要合作，这个我觉得是中美之间的共同利益。这是根本性的问题。

【戴旭】奥巴马前几天刚谈到这个问题，他看到了日本的动机。我前面说了，美国可以不了解历史，但要了解日本，必须要关注日本的历史和他的动机。我理解的日本现在是勾践式的卧薪尝胆，他对两个国家“卧薪尝胆”，一个是美国，一个是中国。他不甘心把他自明治维新以来侵吞中国的东西吐出去，绝对是不甘心，只是没有办法。从日本战后第一届首相——吉田茂，到现在这个首相——安倍晋三，我把他们的言行做了一个基本的归纳和总结，几乎每个人都公开提出，要把“复兴日本的历史地位”作为他的最终目标，这个非常可怕。石原慎太郎、中曾根康弘，还有岸信介，都十分典型。

包括去年刚退役的那个日本海上自卫队舰队司令五味睦佳就提出，日本的目标就是要恢复西太平洋上的强国地位，那不就是明治维新时日本的地位嘛。明治维新的地位在中国的理解就是——拿走台湾，拿走东三省。中国对日本是保持高度历史警惕的，我们在钓鱼岛问题上看日本也是如此，日本又像1871年制造“琉球事件”一样在往前走。钓鱼岛问题之后，日本不会只是停留在钓鱼岛上，还会去拿台湾，还会进一步向中国渗透。我们是这样理解日本的。因为日本历史上就是这么过来的，你又是那一拨人，又是那一条路线。

但美国不这么看日本，这又导致我们之间有很大的分歧。那么美国如果想介入这件事情，你必须要了解中日双方的想法，你要了解中国是什么想法，同时也要了解日本是什么想法。表面上，日本是不会跟你说出来的，但是日本的想法可以推断出来。第一，日本想放开军事上的限制，现在他不甘心只成为一个经济上的大国，还要重新进行武装，挣脱美国的束缚，成为政治大国，成为一个真正独立自主的国家——日本认为目前他还不独立，因为你们美国还在。这是第一条。日本想独立，美国对他还有警惕，美国不允许或者不想让日本成为一个完全独立的政治军事大国。那样的话，日本就完全不被美国所掌控了。美国不允许日本完全独立。而日本，又是一个惯用韬光养晦的战略的国家，也是最成功的一个国家。日本跟在你身后，帮助你打别人，趁机壮大自己。你要让他打人，你必须让他壮大。就像一条狗，你要让狗追猎物，你不能把绳子拴在它身上，你要把绳子放开。但是把绳子放开了以后，它把猎物给你追上追不上，那个结果另说，但是那个狗的绳子是放开了，你再把它收回是不可能的，对不对？

日本一旦全面武装，甚至拥有了核武器，美国怎么制约他？你根本不可能制约他。日本帮助你实现目的，顺便实现自己的目的。这是日本要做的事情。钓鱼岛问题既是日本对中国的试探，也是日本对美国的试探，看美国能够对他放开多大的尺度。另外看看中国对日本这样的一个战略意图有什么样的抵抗意志，有什么样的应对力量，然后再做下一步打算。日本是一个战略心机非常深的国家。这一点美国往往忽视。因为美国不够理解日本的文化和历史传统。所以我觉得，中美双方之间要取得一个真诚的理解，互相认识，你不帮助没有关系，但是你要知道我们在想什么。刚才王文先生说得非常好，首先我们（中美）两国不要冲突起来，你可以不帮助中国，但要是最后成为美日一方对中国一方，这才是最大的悲剧。这就是当年朝鲜战争教训的重演。

【王文】还回到钓鱼岛问题上，究竟用什么办法能够较好地解决这个问题，从而避免前述那个可怕的“平局”呢？

【马伟宁】我个人认为，当然并不代表美国政府，解决这个问题的最好方法是宣布钓鱼岛属于台湾。因为从历史来看，中国认为钓鱼岛是台湾的一部分，台湾也这么认为。

【戴旭】这个意见我倒是同意。

【马伟宁】“二战”前日本也认为台湾管理了一部分钓鱼岛。如果说把钓鱼岛划给台湾，是否符合中国的利益？因为中国认为台湾是中国的一部分。

【戴旭】我认为这个是可以的。

【王文】美国目前看来好像偏离这个方案有点远。

【戴旭】如果美国宣布了这样一个主张，那么中国大陆和日本的飞机都会撤回来。从历史和未来双向看，钓鱼岛都是属于台湾的，从法理上讲也是。

【王文】对，从法理上讲也是这样的。

【戴旭】伟宁先生这个建议我是完全同意的，而且恐怕这是一个解决问题之道，钓鱼岛危机会迅速降温。

衰落，还是“摔倒”？

【王文】接下来我们换个议题。因为近期金融危机的影响，美国削减了很多军费，还有裁员。于是就出现了美国衰落论的声音。请问，美国或美军，真的衰落了吗？

【马伟宁】不能否认我国出现了一些不利的因素，但还说不上衰落。我认为“衰落”这个词的本身意思是“不能恢复”，或是“长期的一条路走下去”，所以在这方面我不同意。我个人认为虽然我们从2008年就开始有经济问题，还有国内的恶性政治性矛盾，总统的提案都不能被国会同意，我们还有很多国债。这些都会影响到我国的失业率。但是我不认为这代表美国在衰落，因为这些都是可以克服的问题。而且从整体来说，我们没有遇到一个体系性的问题。这些问题虽然都是非常大的问题，但都是能克服的，不是一个能破坏我们的体系、我们的经济系统的问题。

在基本面上，我们现在的经济还是完好的，我们还是世界上最大的经济体，我们还有很多的发明和研究。从各个方面来看，我们的经济也还是可以的。我们的国债应该承认是一个大的问题，但也是能克服的，都不是一个长期不能克服的问题。所以，我不太同意“衰落”这个词。我们有问题，但是不能用短期的现状来预见我们的未来。你不能用这个短时间的状况来预测美国在衰落。因为我们的经济的基本面是好的，我们的大学都是世界一流的。没有一个体系上的问题。

【王文】戴旭先生，你觉得呢？

【戴旭】我基本上同意伟宁先生的判断，尽管我不是美国人，也没有生活在美国，但是依我对美国的长期观察和了解，我宁愿用“摔倒”来形容美国遇到的问题。不是“衰落”，是“摔倒”。他还会爬起来。美国1929年和1931年也经历过大的萧条，尔后又起来了。美国的国家结构，用艾森豪威尔的话说是“军工复合体”结构。工业即军事，军事即工业，经济即军事，军事即经济。它是一个复合体，以后又把政治因素融进去了。你们为什么现在会出现金融危机呢？你们国内有些人把它归结为华尔街的贪婪。中国有些学者，大部分是留学你们美国的学者，也认为是华尔街那些人的贪婪导致了你们的金融危机。这些都是外因，是表面现象。根本原因在哪里呢？我个人的判断是你们美国从海湾战争后连续打了二十年仗，持续不停的战争。战争掏空了你们的财政，战争不能直接作用于你们的经济，但它会直接作用于你们的财政，它把财政都拿走了。你们的财政本来是要回输给经济的“血液”，都被战争拿去救治伤病去了，没有去救治你们的经济，所以导致了现在的经济危机或称“金融危机”。对不对？原因是这个，你们连续打了二十年的战争。你看，从1991年开始你美国哪一天停止战争了？你们一直处于战争状态，这个战争状态使你们的财政产生了亏空，这个亏空体现在你们的经济上。所以并不是你们衰落了，而是你们摔倒了。

摔倒了以后呢，暂时要休养生息。这个时候，战争的规模、战争的范围就要控制了，包括驻军、军事部署的范围也要控制了。这是为了下一步，更好地疗伤、更好地康复。现在呢，你们从中东开始，率先放缓了战争的节奏。今天我看报纸上说：你们准备在阿富汗撤军了，要实现零驻军了。同时呢，还在进行战略重心东移。这个战略重心东移，并不是说你们在全球的力量变小了，而是你们在集中。集中到了一个局部，一个方向。你看要把你们美军全球60%的军力都集中在亚太，那么其他地方肯定看上去就减弱了，甚至没有了，但实际上你们是集中在另一个地方了。这是一个全球力量的集中。另外一个呢，是削减经费，包括削减军队、削减基地等，都是你们疗伤的一些手段、一些做法。包括美国大量印刷货币，所谓的“量化宽松”就是印刷货币。不过就是让世界的财富加速向你美国流动，都是让美国的这个肌体加速恢复起来。

根据美国的历史来看，每一次大的金融危机后面，紧跟着就是一次美国的大振兴。以1929年到1931年的那次大萧条为例，仅仅过了十几年的时间，美国就取代了大英帝国的地位，实际上就是得益于金融危机。就像一个人高烧，看上去是在得病，但高烧也唤起了自身的免疫系统，提高了免疫力。美国就是这个样子，所以美国每一次经济危机之后都是一次大复兴，包括后来的20世纪70年代的经济危机也是如此。在危机的过程中美国又完成了很多革新，金融体系会完善、军事部署会重新调整、全球战略重点也会调整。这都是这次金融危机带来的结果。包括战略重心东移，也是经济危机的结果。

在这个过程当中，还有一个最重大的变化，就是美国在每次经济危机的后面都有一次大技术革命。原子弹、航空母舰的技术都是那次金融危机背后产生出来的。为什么呢？因为金融危机、战略危机都会使国家去造一些不会使财富流失的东西，是什么呢？不约而同地都会去选择发展军工技术，选择高新技术。所以1929年的金融危机，在美国、在日本、在欧洲都在大造军备。日本就是这个时候开始大造航空母舰的，美国也是这样，欧洲也是。目的就是把财富留在国内。金融危机嘛，自己的钱都不愿意留给别人。可是军火不能流通，造出来之后怎么去消费、释放呢？只有战争。

所以，金融危机对于美国来讲，会促使他完成自己的各种创新，包括社会体系的创新，包括他自身文化的这样一个进步，都会在经济危机这样一个过程中实现新的飞跃。然后实现技术革命。唯一对世界不利的，就是他造的这些军备会危害世界和平。不光美国是这样，各大国都如此，所以“二战”不光是美国的责任。大家都造军备，但是美国没有首先打。德国、日本先打的，为什么呢？因为要通过释放战争的能量解决世界问题。为什么1931年日本要发动“九一八”事变呢？也有这个原因。“九一八”事变以后，日本接着做的就是把大量的工人招入军队，解决失业问题。通过战争解决失业问题，这是一个非常重要的现象。到现在为止，这一次金融危机要引发的现象已经显现出来了。美国也在打造军备，电磁弹射的“福特”级航母已经在造了吧？这是个技术革命啊，激光炮在列装你们的海军了。你们的空天战斗机也在试飞了。肯定还有一些我们不知道的新式武器。总之，和1929年的情况一模一样，在造新兴军备，你们的隐形空军也在加紧武装，你们的网络战司令部也成立了，这都是革命性的变化。在这个情况下我们再来看日本，日本也在趁这个机会打造军备。俄罗斯的军备计划空前庞大。中国也在造，中国试飞隐形飞机、试飞舰载机，但中国是不得不造，没有办法，因为大家都在造。近代历史留给中国的教训就是：军备落后就会挨打。两次世界大战中，我们是战胜的受害国、受害的战胜国。所以现在不得不造。何况改革开放30多年来，中国造的主要是房子、公路、烟酒。中国人本来是想生活的，这些都是生活用品，中国的经济都是生活型经济。非常不愿意向军工复合体转化，但是你美国是在战争经济的基础上，进行新的战争经济的扩张。日本已经把他的技术经济转化成战争经济，而且转得非常明显，已经有了好几艘叫“驱逐舰”的航母，第四艘已经下水了。对不对？日本其他技术都可以转化，瞬间就可以转化。俄罗斯的军备计划也类似。别人都在舞刀，我们只能也舞刀。这种情况非常类似于1929年美国经济大萧条引发世界经济危机的那个时代。也就是“二战”前夕世界的政治和经济状况。为什么我们在钓鱼岛问题上格外担心，也就是我们看到了这一点，看到了可能引发第三次世界大战的一缕硝烟。这是一个世界性的灾难。在这样一个大的局面当中，美国想要独善其身是不可能的。

【马伟宁】我同意戴先生关于美国是摔倒的说法。

美国是一杆“步枪”，中国是一把“手枪”

【王文】一方面我们看到美国没有衰落；另一方面美国的很多媒体又不停地宣扬中国的军事多么多么厉害，中国军事对美国的威胁多么多么大。其实我的问题就是，伟宁先生，在你看来，中国这段时间的军费增长，真的让美国感受到威胁了吗？

【马伟宁】我认为，以前的中国是个例外，现在就是回到一个比较正常的状态。因为中国那么大的一个国家，人口众多，幅员辽阔。所以必须有比较强大的军队，这才是比较负责任的状态。所以，我个人不是那么担心。

【王文】反过来再问一个问题，中国现在的军事水平与美国的差距还有多大？

【马伟宁】如果跟美国比较，差距还是比较大的。但是如果跟别的亚洲国家来比的话，就是差不多。

【王文】这是什么概念？

【马伟宁】我的意思就是，中国的军事力量用什么标准来比较。如果用美国作标准的话，中国的军事力量还差好几年。

【王文】好几年，还是好几十年？

【马伟宁】不是好几十年。就是说在几方面中美差不多了。

【王文】比如说，哪方面差不多了？哪方面又差二三十年？

【马伟宁】我不是这方面的专家，我觉得中国在信息化方面发展得比较快，做得比较好。特别是在网络、电脑、飞机方面，差距比以前缩小了很多。虽然说比美国差几年，但是没有以前那么差。中国就是在飞机的发动机方面还有一些问题，但是除了这个以外，他们的进步是非常大的。

但是在广义方面，在思想方面，在打仗的经验方面还差得多。虽然你有武器，或是理论、条令，但是除非你有经验，否则很难判断你的作战能力有多强。美国有二十多年打仗的经验，虽然你说了这些是我们问题的来源之一。但是对军备力量来说，我们的新军备、新技术、新的作战思想，都有很多很多的经验去补足。中国没有。

而且在人员素质方面，我个人认为美国的军队好多了。虽然最近中国军队做得比以前好多了，但还是比较差的，所以在这方面，还需要一定的时间，双方才可以比较。

但是从另外一个方面，就是从高级技术方面，比如导弹方面，中国和美国已经差不多了。所以不能说中国的军力在美国后面二十年，得看具体情况如何。

【王文】戴旭先生，你看呢？

【戴旭】我觉得判断中美军力，既要看作战平台，还要看作战体系。刚才伟宁先生说的也是这个问题，比如说用美国的F-22来比我们的歼-20，他们的航空母舰比我们的航空母舰，单个比技术性能，这是一种比法。从这个角度看，美国的F-22在2005年已经正式列装了，我们的歼-20才刚试飞，从试飞到列装也要十几年，到时候F-22已经装备20年了。这就是20年的差距。一般观点都是这样比的。

但我不这么看。首先，武器只是一个方面，武器不等于战斗力。抗美援朝的时候，我们自己什么都不能造，只能用苏联的武器和美国打。但并不能说中国军队的战斗力不行，还有战略战术啊、地形啊，各种方面的运用。所以我宁愿用力量形态的方式来比较。就是衡量两个军队各处于什么样的形态。这个形态又决定于两国的国家形态。

美国是个现代化的国家，中国是个发展中国家。这两个国家的形态决定了双方军队的形态。我认为美国在一百多年前已经完成了工业化，在五六十年前已经开始了信息化，现在已经完成了信息化，这是第一个标准。第二个标准，中国到现在还处于从农业化向工业化迈进的时代，还谈不上信息化。我们差了一个时代，这就是我们常说的“代差”。就像两个人，他身体比我强壮，他胳膊一定比我强壮，腿也一定比我强壮，我不能只和他比腿，我要比整体，对不对？从整体看，美国是个信息化国家，中国是个半农业半工业化的国家。美国所有的装备都可以完全自造，尽管他也向世界采购部件，但只是为了降低成本，也可以不采购。中国就很难做到。你用什么样的产品生产，你就用什么样的产品作战，这是托夫勒的观点。波音能造大客机，波音就可以造F-22。你看，中国现在连独立制造大飞机的能力都没有，那怎么能造有自主知识产权的完全现代化的战斗机呢？当然了，我们也试飞了自己的大飞机，但是我们这里面几大核心技术都是人家的。这反映出我们的工业水平。这种半工业的形态导致我们今天军队的形态。

在我看来，美国的军队是以蓝色为基调的，是以空中化、太空化为基调，是飞在天空上的。中国的基调是黄色的，不能离开土地。这就是军队的行动能力，你飞在天上，你可以全宇宙行动。美国现在不是打遍全球的问题，还可以打遍月球。对不对？我们中国现在甚至不能离开本土几千千米。这就是作战能力，这就是最典型的作战指标比较。你能打多远？我能打多远？我们把军队比成国家的枪。你可以打一万千米，我可以打一百千米，美国是一杆“步枪”，中国是一把“手枪”，这就是能力，你的行动能力、投送能力、打击能力，这是你军队实力的最基本标准。其他都是你的分类指标。可见美国是一个全球性的军队，中国是一个区域性、本土性的军队。这个你应该认同。

【马伟宁】对对对。

【戴旭】这是双方根本性的差距。在这个基础上，再比双方的技术系统、平台水平。目前，美国已经控制了全球，在全球有六百多个军事基地，中国在海外一个基地都没有。如果说比海外基地的话就是600：0，如果说比航母的话现在是10：0。因为我们的航母还没有正式装备。如果比隐形战斗机的话，你们现在已经装备了180多架F-22，而我们的飞机还没有装备，只有两架样机，至多算是180：0.5。全球定位、GPS系统是个1：0的问题，你有我们没有，是个有和无的问题。我们有的只是局部。整个体系比较起来，一切就能一目了然，美国是全球性的军队，我们是区域性的军队。差距就在这个地方。美国一百年前就全球作战了，但直到现在，中国军队主要是在本土，最多是在边界附近的地方出击一下。美国怎么能提出“中国威胁论”？这不是非常可笑的问题吗？

再回到刚才你说的那个“崛起”。我向来不同意学界所说的什么“崛起”，包括郑必坚说的“和平崛起”。这不叫崛起。新中国成立以来六十多年，我们所做的事情不叫崛起，而是复苏。毛泽东在1949年的那句话讲得非常形象、准确，叫“中国人民站起来了”。坦白地讲，1945年以前中国被别人骑在身上打，1949年完成一个“站起来”，后来三十年就完成了一个“吃饱饭”。哪能谈什么崛起呢？崛起有一个前提就是你这个国家是一个整体，中国现在不是一个整体，台湾尚且没有回归，争议领土尚且没有回归，国家没有完全统一，等于是说胳膊还没有接上，腿还没有接上，哪来的崛起？古往今来没有一个崛起的国家是没有统一的。台湾就是中国的一条腿嘛，这条腿还没有接上。其他那些地方我们可以比喻为中国的手指头，都还没有接上，都还是残缺的。国家尚处于残缺之中，只能说是侥幸脱离死亡的复苏。复苏之后才谈得上复兴，复兴之后才谈得上崛起。所以中国这个过程既不同于日本的“明治维新”，也不同于德国一百年前的崛起，因为他们都已经完成了国家统一，中国尚未完成国家统一，何来的崛起？没有崛起又何来的扩张？没有扩张又何来的威胁呢？对不对？这都是一些常识性的问题。但是中外的学者们，由于知识系统不完善，导致对一些基本的问题认识不清楚。知己与知彼都没有做到，既不了解美国是一个什么样的情况，也没有了解中国。20世纪30年代，你们美国有一个伟大的历史学家叫房龙。他在《房龙地理》里面说过一句话：“追赶发生得太迟，历史的账单太巨大。尽管你开始追赶，但我不知道什么时候才能追得上，因为这个账单是个天文数字。”他说的就是中国。

这就又引出一个大历史的问题。中国的历史欠账，从明朝就开始了。明朝衰落的时候是西方的工业崛起，是英国和法国发展资产阶级革命的时候，那个时候我们已经落后了。你美国是站在欧洲的肩膀上前进的，我们中国是从游牧民族的蹂躏下“死里逃生”的。基础是完全不同的。因此，我们今天的中国是在把1911年解体的中国进行拼接，台湾还没有拼上，外蒙古也分出去了，还处于国家解体的阵痛当中没有恢复过来，何谈崛起呢？所以说我同意马伟宁先生的观点，差得远。也可以说美国已经跑到了我们远远望上去的那个地方。即使现在中国造一些现代化的武器，也就是努力拉动中国现代化进程的“几匹小牲口”。

【王文】对，没错。

【戴旭】你们美国已经跑到我们只能望尘莫及的一个地步了。中国再发展多少年才能追上美国现在的这个信息化的形态？谁能回答这个问题？我认为这是一个根本无法回答的问题。不能说什么时候我们的歼-20能够超过F-22，这是一个非常幼稚的问题。当中国的工业形态达到美国的程度，当中国拥有了几个像波音或者是洛·马这样的公司，当中国拥有了自己的比尔·盖茨和乔布斯，当我们能自己独立建造核动力航空母舰，我们的工业达到这个程度，军力自然就追上了。但这一天在哪里？在我们的奋斗当中。所以我们的领导人提出我们中华民族有一个复兴的梦，指的就是这样一个现代化的梦。梦啊，距离现实就是非常遥远的了。对不对？你实现了就很近，不实现就很远。所以我觉得我们的领导人是非常清楚的，非常清楚地认识到了我们的现状。所以不要用那些学者的GDP的概念，和什么经济第一、第二的概念，这都没有太大意义。对不对？保罗·肯尼迪早就说过这个问题了，GDP什么问题也说明不了。当年中国的GDP超过英国六倍，为什么英国把中国打得落花流水？可见单纯的GDP指标没有任何意义。工业指标、国家形态、国家的技术形态，这是最核心的力量指标。我觉得如果你们美国的国家领导人、军方领导人，听了我们今天这番话，他就应该对中美双方有个更清醒的认识。我们并不以此感到耻辱，因为这是历史，这是现实。它恰恰会成为激发我们中国人奋斗的一个动力。我们是向这个目标走的，我们努力向这个目标追赶，我们努力避免历史上的灾难再次出现。我们的一切努力，我们的政治努力，我们的经济变革，我们的军事努力都是为了这个目标。不是去和美国争什么霸权，不是去打周边那些国家，都不是。我们就是要还清我们的历史欠账。完成从农业化到工业时代的迈进，进而挺进信息时代。实现现代化，跟上人类发展的步伐。

所以，我认为美国今天对中国的理解，包括前几天你们的国务卿发表的讲话，说句不太尊敬的话，都是缺少历史常识的表现。我刚才的那一番话，是以一个非常真诚的态度，说出的肺腑之言。现实难道不是这样吗？如果说中国要追求霸权，以我们现在上百万的军队，以我们现在的武器数量，我们跟美国打的结果如何不好说，但是对付一些小国还是没问题的。但是我们用了吗？我们甚至没有用于祖国统一，我们甚至没有用于打台湾，只是警告台湾不要独立。为什么呢？我们首先要避免像1840年那样的战争，像1894年那样的战争，像1962年、1969年遭受那样的威胁，仅此而已。包括我们拥有的原子弹，我们并没有拿出来去威胁别人，也没有拼命地造，我们要拿出造房子的决心拼命地造核武器，我们的原子弹数量也可以追上美国。没有什么了不起，既然会造了，数量多少是一个很简单的问题。中国没有去多造，原因在哪儿？就在这里，我们不追求这些东西。我们要追求的是还那个“账”。

我觉得美国是一个有战略思维的国家和民族，你回过头去思考一下，看一看，就像你从非常遥远的地方回头看一看，后方的一辆马车，非常遥远的一辆马车，什么时候能够追赶上来，你很清楚。但是你们现在看到的不是这个，你们看的是报纸上的东西，报纸上的东西和现实的东西完全不一样。报纸上说，中国现在的GDP上升到世界第二位了，中国有多少多少东西。但是我们的经济形态和你们的经济形态是什么样的？我们三十年来主要在造房子，你们30年来在造什么？你们在造计算机，你们在造大客机。当年你们在造波音707的时候，中国在造运-10，那么你们现在在造波音787，据说，波音797现在也在设计，你们发展了多少代？中国的大飞机呢？中国的运-10“死”了。这就是三十年来你们前进的步伐和我们前进的现状。我们造了一堆房子，也是必需的，但是你们的大飞机直接作用于军事，我们的房子、公路不能说直接作用于军事吧，对不对？我们向求温饱的方向前进，你们向军事上更加强大、更能控制世界的方向前进。咱们走的不是一条路，你们往那个地方走，我们往这个地方走，你说有多远？我们走的不是一个方向。

我前面说了，由于欧洲、日本开启的战争，抢走了我们几千年来积累的财富，毁灭了我们五千年来的文化，导致了我们不是从零开始，而是从负数开始。所以我一直把中国和美国比喻成是一条曲线。如果中美在一个坐标系里的话，那么美国是从零开始往上升的，我们是从零开始往下走的。到了1949年我们才升上来，才回到零线上。那个时候美国已经走到很高了。中国对美国的追赶是从这儿开始的，双方的差距已经非常巨大了。总之，要从一个整体性上判断才能够判断出基本状况。

【王文】戴旭先生说的比伟宁先生所预料的差距还要大。刚才讲的这个差距我觉得很真诚，确实讲到了一种差距，确实感受到了自己的一种落后。

【戴旭】但这种落后并不构成我们妄自菲薄的理由，也并不是说现在构成这种落后了我们会怎么样，这是一个现实，我们描述的是一个现实和未来我们前进的方向。我一再极力主张中国应该从生活型的经济向强壮型的经济方向前进，因为这才是真正的现代化之路。西方有一本非常重要的书——《竞逐富强》，写出了西方国家特别是美国为什么富强的原因。追求富强指的就是工业和技术结合前提下的军事，所以西方没有单纯的商业，西方商人的后面都是舰队。你想想当年仅仅几个英国商人在中国因为鸦片发生了一个贸易纠纷，战争不就开始了吗？这在中国不会出现，中国目前在世界上有多少贸易纠纷啊，中国舰队去了吗？俄罗斯一把大火烧了中国所有商人的财物，中国有什么反应？密松水电站说给我们停掉，就给我们停掉了，我们又怎么样了呢？如果1993年换了中国人检查你们的商船，战争早就打起来了。中国这种和平的国家就采用这种政策，是全世界罕见的。所以我为什么说世界应该理解中国，美国应该理解中国呢，中国不仅仅是说说而已，他的很多做法是真心实意的，他的很多做法是跟你想象中不一样的。美国现在和西方说中国威胁你们了，中国在哪方面威胁你们了？军事上威胁了吗？中国既没有派军队到墨西哥，也没有到古巴搞一个基地驻军，更没有在你们门口搞演习，军事上的威胁是不存在的。政治上我们让美国实现社会主义了吗？在美国发展共产党了吗？政治上的威胁也不存在。经济上，要说中国经济上威胁你们，这就更加荒谬了，我们的钱你们在用，我们低价的商品在供你们用，怎么能是威胁你们？什么都没威胁，连想象都想象不出来你们说的威胁是什么。

但美国也不要因为双方国力差距这么大，就想对中国动用武力。因为中国还拥有另外一种力量，我们刚才讲了，中国社会的落后不是今天中国这一代人的责任，而是中国历史的欠账，是历史的原因，恰恰是因为新中国成立六十多年来的几代人的奋斗，我们已经偿还了大部分的历史欠账，比如说我们追赶上的唯一一次军事革命就是核军事革命。我们失去了从冷兵器向热兵器的革命，导致了鸦片战争，被列强掠夺。接着我们又失去了从热兵器到机械化兵器的转型，导致我们在1937年抗日战争中全面吃亏。包括朝鲜战争，我们都付出了巨大的代价。唯一一次我们追上了，就是毛泽东时代我们追上了核武器革命，这一次追上让中国从美苏核大战中逃脱出来了，赢得了一个发展的机会。

在这个机遇当中，中国在一片废墟中完成了自己基本完备的工业体系，你看中日甲午战争以后，我们洋务运动的一点工业化成果被日本摧毁殆尽了。再加上抗日战争，我们的沿海工业基础被日本全部扫光了。抢走的抢走，砸掉的砸掉，一点都没有了，日本打到什么地方，我们就失去那个地方的一切工业，一切归零了。直到新中国成立毛泽东时期，我们能造万吨轮了，"两弹一星"出来了，核武器已经追赶上了，工业基础已经建立起来了。就是说追赶的基础有了。这就好比是在一条道路上，美国开着机动车遥遥领先，中国到这个时候才刚有车，虽然性能不太好，毕竟追赶的基础是有了。最重要的是把中国人真正的力量唤起来了，形成了精神凝聚力。今天也依然是这个样子，这是中国追赶的基础，所以在这么大的一个历史差距当中，中国在一刻不停地向前追，而且在这个过程当中，我们排除各种各样的干扰，埋头去搞我们自己的事情。我们连造房子都没有在你们美国造，我们怎么会威胁到你们美国呢？反而给了你们一个发展的机会，就是说在任何时候我们都没有威胁你们，我们都只是在发展我们自己。而且我们没有走上你们同样的道路，我们没有把大量的钱拿去发展军事工业。当时四万个亿所谓救市的投资，最后基本上都流到房地产上，如果我们四万个亿砸在军火上，今天不是几架歼-20、歼-31的问题了。由于我们的工业体系欠债欠那么多，今天那点军费投进去，基本上产生不了太大的作用。对不对？

改革开放以来的三十多年，又让中国和世界全面接轨了。也学到了一些东西，但是从本质上来讲，外部因素并没有给中国太多的东西。连美国和欧洲都认为中国用市场换技术这个战略是失败的。你看现在我们还没有造出完全属于我们自主品牌的汽车，并没有换到真正的技术，人家并没有给我们。我们反而买了人家大量的产品，成了人家产品的倾销地。向乐观方向去理解，也只能说我们为世界经济做贡献了。但是从另外一个角度看，我们也学到了人家的管理经验、现代企业经验。不管是教训也好、经验也好，都可以成为我们向新的目标前进的动力。加上我们有了新中国奠定的基础。新中国成立以后的中国人就已经不是清朝和民国时代的中国人了，这个我认为美国也好、世界也好，要有一个清醒的认识。新中国人不等于传统的中国人，完全不等于。你要是等于的话，朝鲜战争不会打成那个结果。麦克阿瑟为什么会犯错误？他用理解清朝军队的概念去理解中国人民志愿军，犯了最大的错误，这还是一个误判。这个误判是十分致命的误判。

当然了，经过三十多年改革开放以后，改革开放的这一代中国人受到各种文明的综合影响。今天的中国人也不是美国理解的毛泽东时期的中国人了。你们今天的美国人也不是几十年前的美国人嘛，我们都前进了。都前进了，那么我们双方都应该站在一个新的历史起点上，大家来探讨，我们怎么样去面向未来。要面向未来，我们双方就要互相了解对方的历史，各自了解对方的意图，然后才能明白我们各自的现在。假如说中国宣布，我们的第一目标就是把美军赶出亚洲。那你美国今天所有的行动我都理解，我认为你这么做是应该的，因为我要把你赶走，你不愿意走，我们就会对抗。但实际上不是这样的，习主席不是说了嘛，太平洋足够大，容得下中美两个大国。既然不是这样的，你们为什么要采取现实中的种种挑衅、围堵中国的行动呢？美国的这种行为让我无法理解。因为我们并不想赶走你们，事实上，中国也有很多人说过，美国在亚洲的存在对中国是有利的，因为你们压得住日本。我前面讲了中国的心腹之患是日本，不是你们，你们在这个地方，日本就永远不可能拥有核武器，也很难进行扩张，这是符合中国利益的。反过来，中国在亚洲没有威胁美国的任何利益，威胁了你的军事基地吗？影响了你的贸易通道吗？影响了你的商业行为吗？什么都没有。所以奥巴马宣布的战略重心东移才让我很难理解，我非常不理解的就是你们这样做的依据何在，你没有什么依据那你动机何在？就像一个人拿了一把刀在门口，如果我要开枪打你，你拿一把刀，我知道这是依据，依据是“我要杀你”。但我什么都没有做，也不想做，你拿一把刀过来了，那我就要问你的动机何在，你拿刀站我门前想干什么？现在中国和美国就这样，你拿刀过来了，你想干什么？我不知道你要干什么，我也只好把刀拿起来了，就是这样一个状况。

美国下一场战争在哪里？

【王文】没错，又回到上午说的误判上。从周边的战略形势看，美国的的确确是拿着刀，不仅仅站在你的门口，而且叫上很多人拿着刀站在你的窗边，我不知道你怎么看美国这几年的行动，我过去以为是小布什反恐。奥巴马上台以后突然发觉，过去八年中国在搞建设，美国忙着反恐，然后奥巴马上台，美国突然发现还有中国，尤其是2011年本·拉登被干掉以后，突然发觉这个时候目标可能就是中国，所以你看希拉里，她非常忙碌，她大部分时间都在中国周边，所以，戴旭先生的书《C形包围》非常畅销，我们《环球时报》也非常畅销，中国目前很多人对美国的印象越来越差，我不知道你是怎么看，怎么看目前美国对中国的包围？

【马伟宁】在这方面，我也理解中国人的想法，因为你看那个地图到处都是美国的国旗，分布在泰国、菲律宾、日本、中亚，这就又回到互相信任的问题，我不知道或者不相信你的目标是什么，你们不相信我们说的目标是什么。

【王文】你认为你们在亚太的目标是什么呢？

【马伟宁】除了阿富汗，我们追求的就是稳定性。不要威胁世界的和平。

【王文】刚才戴旭先生讲了，没人威胁到美国。

【马伟宁】不管是威胁美国还是美国的利益，美国的利益就是稳定性，如果有冲突发生了，就威胁了美国的利益，所以这就是一回事。

从来就没有亚太国家威胁美国的本土，但如果影响了贸易、经济、稳定和我们的盟国，就是威胁了美国的利益。在这方面，我感觉，这就是意图和目标的问题，我们有些人就是很难相信中国的未来和最后的目标是什么，方向是什么。因为我们不能相信中国说的目标，所以我们就怀疑他们的意图在哪儿，如果他们用这些军事力量来解决钓鱼岛、南海问题，就是要威胁我们国家的全球性利益。这就是王缉思说的互相不信任，这就是很大的障碍，不知道怎么克服。如果我们有一天说我们的目标跟中国没什么关系，不是要遏制中国，我们要一个和平的、发达的、健康的中国，我们随时可以说这些话，但是如果你不信任，就没意义。

还是前面说的那句话，其实我个人很理解中国的想法，在他们旁边都是美国的国旗、美国的军人，从冲绳岛一直部署到澳大利亚。我个人也认为这不是遏制中国，但我们也有一点担心，因为中国一直在说中国是一个发展中国家，给我们的感觉就是中国还是有点不舒服，也是没有多少自信。从这个方面说，如果自信不够的话就很容易采取不稳定的行动，如果你是完全自信的话，就不会随便行动。我们的感觉是，中国一直在强调哪些领土还没有收回。我们担心中国是要做什么来表现中国的强大，比如控制钓鱼岛、南海就表明中国是一个强大的国家。但如果中国真的自信是一个强大的国家，那就不需要去表现。

所以我们要一个稳定的、和平的、繁荣的中国，因为这符合我们的利益，对美国的生活水平而言，中美的经济贸易关系是非常重要的，对我们的未来也是非常重要的。我们并不怕中国压倒美国，我们是全球性的力量，而中国是地区性的，但是在这个地区里面，势力差距会越来越小，如果有冲突发生，无论是中美间，或是中国跟其他国家间的，都会影响美国在这一区域的利益，特别是在中国周边。这是我们担心的来源之一。

【王文】但是，你刚才讲的，其实上午也讲过。换一种方法具体来讲，美国战略重心东移，在中国周边绕了一圈，而且美国未来肯定还会打一场战争，因为过去六十多年的历史已经证实了每三到五年美国必然会有一场战争，你刚才也透露了，美国必须不断地有作战实践，在你看来，美国下一场战争最有可能会在哪里发生?

【马伟宁】我个人认为就是在中东。

【王文】叙利亚、伊朗?

【马伟宁】不过我们有一个说法，每次预测未来，下一个敌人、下一次冲突、下一场大战在哪儿，结果都是百分之百错误的。

【王文】我看到的很多资料里面，也有很多人预测美国将和中国有一场战争，我看到好几个报告讲2015年中美海战，还有2020年的中美冲突，这种冲突的可能性有多大?

【马伟宁】我个人认为，这个可能性是不大的，中美基本上没有什么冲突。当然，冲突是不需要原因的，在战略准备上美国看上去是已经准备好了，比如“空海一体战”，比如说网络战、太空战、能源战，还有争夺北极的北极战等。这些看上去好像是布下了一个大的口袋，随时准备着跟一个国家、一个大国发生战争，而这个国家看上去好像就是中国。中国和美国有可能冲突，但是冲突是可以管理的，冲突的可能性比打仗的可能性大一点，冲突也不一定是军事方面的冲突，也可能是外交方面的冲突，在这方面，我也有比较乐观的想法，认为未来的冲突可以管理。

【王文】戴旭先生，我觉得刚才伟宁先生一直在担忧战争这个话题，我感觉到美国发起战争的可能性是很大的，未来的几年里面，比如说，随便讲一个伊朗战争，我觉得这个一直在喊，从法理上，各方面已经通过了，都已经满足了，发动伊朗或叙利亚战争的可能性还是很大的。

【戴旭】应该是在几年之内。我完全同意伟宁先生刚才说下一场战争可能发生在中东。冷战结束以后，基本上每一任美国总统都要打仗，所以我就有一个疑惑，是不是不打仗的总统在美国会被认为是无能的总统。奥巴马的第一任期打了利比亚，第二任期很可能打叙利亚，然后把伊朗留给下一任。但中东的乱局也会打乱美国的计划。

【王文】对！但为什么美国不停地发起战争，而全世界却以为给世界造成最大威胁的是中国？我觉得很奇怪，为什么会这样？

【戴旭】人家工作做得到位。

【王文】伟宁先生怎么看？

【马伟宁】不是全世界都认为中国是最具威胁的一个国家，而是其中之一，第一个原因就是中国的军事增长率非常快，对各个国家的老百姓来说，他们研究中国、了解中国不多，现在我还看到比较高层、比较聪明的美国人还在用冷战思维攻击中国，因为他们不太了解，说中国没有自由，没有媒体的自由，媒体就是政府的一部分等，这个不对。去年还有一个海军中校、一位教授，他个人认为他很了解中国，说中国是怎么样怎么样，我就举手说中国不是这样的。他说，你怎么知道。我就给他讲，我去过中国。他们的身份都是美国的军人、美国的军官，很多人就创造这样的思想。我认为，美国应该并不是唯一这样的国家。他们不了解中国，他们就看冷战时的中国或者之前的中国。还有，我们还要考虑媒体的观念，所以他们不是知道好消息就会报道好消息，好消息没有什么吸引力，吸引力在哪儿，在冲突、在问题。各个国家的媒体都是这样。

中美能否进行“战略交换”？

【王文】这个我觉得我能够理解，但问题是，我再转入下一个问题，就是这几年实际上我看到不少文章，甚至是美国军人提出来的一些观点，最有意思的是去年年底一个军官在《纽约时报》上提出的，认为中美之间可以进行一些大的战略交换。他提出了怎么样换台湾的问题。他说让中国全面减免美国债务，然后换取美国不再卖给台湾武器。不知道伟宁先生怎么看这种战略交换，你认为应该推进类似的哪些战略交换，或者说换台湾有没有可能性？

【马伟宁】在台湾问题上，中国和美国当然有不同的看法，但是各种各样的人都对台湾有不同的看法，所以我们政府的政策不管是民主党还是共和党的总统一直是比较一致的，暂时没有很大的改变。我个人认为，如果可以有和平的办法解决台湾问题，不管怎样解决，只要是和平的，我们都可以做得到。无论是独立，还是回归大陆，只要是台湾自己去决定，并且以和平的方式，我们都觉得是好的，真的就是无所谓。虽然不能否认有一些人不要台湾回归，台湾一部分人的“台独”意识是比较强大的，所以他们当然要影响我们的国会议员，但我们真的是无所谓。我们一直在看北京怎么管香港，因为这是一个信号，如果台湾要回归的话，北京要怎么办？我个人的预测，最后的结果是台湾自己想回到大陆，因为他们的文化和语言都是中国的，他们的历史也是在大陆那边，而且对他们的经济、他们的未来来说，都是跟大陆有很密切的关系。当然有一些人就要反对台湾回归，但是从美国政府的政策来看，我真的认为我们无所谓，只要是和平的，两边都同意，怎么办都行。

【**王文**】戴旭先生怎么看战略交换这个概念?

【**戴旭**】那篇文章我也看到了，反映了有些美国人一贯的现实主义思维。到了今天，台湾确实已经成了美国的一块鸡肋。当年冷战中，中美为敌时的“不沉的航空母舰”的作用，台湾已经基本丧失了。那位美国军官提出这个交换，就像一个二手电脑、二手汽车一样，就到了这样一个程度，如果能换回一些实质性的经济利益，在当前经济危机这个情况下，通过他现实主义的商业经济的思维，有其合理性，但是其并没有成为美国的政策。刚刚讲了美国从国家战略的角度来思考，可能会有一些美国人提出交换的问题，从中国这边也会有一些人从这个角度来理解，就是中美先要找到双方的目标，比如我们想要达成一桩交易，就要拿筹码。我们现在目的何在？统一台湾我认为并不是中国当下发展最核心的要务，我们是在振兴中国的经济，发展中国的经济，复兴整个国家和民族。统一台湾只是其中的一个部分。如果美国说你免除我这个债务，我给你三十年到五十年的和平，我感觉中国完全有可能会答应这个条件，如果我们今天国家奋斗的第一目标是实现国家统一，这个交换就有可能，对不对？当然了，美国的那些人开出的价码太低，只是美国

不向台湾出售武器，而不是帮助大陆实现国家统一。这个利益交换的建议有点可笑。

但是利益交换依然是国际政治中的一个通行法则，在这个时候我觉得中美在实现利益交换之前，先要寻求利益的一致性，现在中美关系的最大困惑在于双方利益的一致性，特别是双方共同的敌人在哪里，这个要找到，找到了共同的敌人才能找到共同的利益，如果我们不去寻找这个敌人，那我们就一定要寻找共同的利益，这个共同的利益一定要让双方觉得它确实是双方共同的利益，找到了这一点，合作的基础就有了。如果找不到这一点，就很难合作，也很难交换。不信任也好，互疑也好，都是因为现在还没有找到共同的利益和共同的敌人，所以才会不信任。当年有苏联在的时候，中美合作；本·拉登出现的时候，中美合作。今天本·拉登死了，我们在找下一个共同的敌人在哪里，我们不寻找共同的敌人也要寻找共同的利益。对不对？中国下一个目标很清楚，就是要实现国家的复兴，但是实现中国的复兴并不是美国的目标，美国并不是完全同意中国话语体系中的“全面复兴”，美国并不同意。刚才说了你要是完全经济的发展，你不在地区挑战我的地位，那也是可以的，但经济本身就是军事力量，它发展以后一定会在这个地方膨胀，体重到了以后一定撑起来，拳头就有力了，这是没有办法的事情，这就会发生冲突。所以这里面我要寻找一个共同点，寻找一个双方的利益共同点。你美国下一个目标想干什么？

【王文】但是现在的问题是，如果按照这个思路想象下去的话，我反倒觉得利益的共同点越来越远，因为中国实际上是为了民族复兴，和美国希望保持领导权是矛盾的，是对立的。而且奥巴马也强调了，美国不当第二，永远不当第二。

美国要向中国学习？

【戴旭】实际上我对美国有个提议，建议美国向中国学习改革开放。为什么要建议美国向中国学习呢？就是中国改革开放以后，最大的一个特点就是包容，中国放弃了对抗意识，更包容了。美国经过“二战”以后六十多年的发展，你的军事力量、经济力量和政治力量空前强大，这个时候不管你承不承认，你已经是全球性的唯一的超级大国了，你在管理着全世界，这个谁都不能否认。你既然管理了全世界，为什么不能有一些全世界的视野，全人类的情怀呢？你作为召集人也好，以你为主导也好，我们大家都坐下来共同把这个世界管理好，为什么不可以呢？为什么还要把自己当一个国家，今天打这个、明天治那个呢？怎么不能按照美国推崇的这个制度，以联合国为基础，建立一个全球性的、人类的共同的政府？大家有什么问题都可以提出来，都可以商量，都可以讨论，你们美国国内51个州不是也没有这个州打那个州嘛，对不对？你们的议会也没有决定今天打这个，明天打那个。把联合国当成你们扩大的议会不就完了，咱们去共同商量这个问题，联合国的领导人也可以轮流来当啊，共同管理世界的事务，甚至我们可以把全世界的军队都给你组织起来，共同打击威胁人类、威胁世界和平的敌人，像恐怖主义、海盗。如果能集中全球的资源，这些东西都是不值一提的，是很容易消灭的。

现在是美国放不下自己的一己私心，或者说还没准备好如何当世界的“老大”。今天的帝国已经不同于罗马帝国了，也不同于蒙古帝国，更不同于大英帝国，我觉得美国有些人的脑子里面还残存着这些传统帝国的概念。你刚才说中国历史上建立过朝贡体系，实际上中国已经彻彻底底把这个东西给放弃了，中国现在不让任何人进贡了，大部分都是中国在把钱送给别人，是反向的。中国是完全地放弃了传统的帝国思维。而这个时候的美国，恰恰是捡起了中国放弃的东西。他希望每个人都臣服于他，所以美国冷战以后打来打去，就是一个王者心态，但这只是一种传统的观念。

我认为中国历史上的秦王朝就是美国的一个前车之鉴。凭美国的军事力量、政治力量和经济力量，除了现在中国和俄罗斯有核武器的这两个国家外，你们现在打其他任何国家都是没有问题的。但是打完以后从一个全球治理者的角度来看，你就能把他治理好了吗？秦国就是在把所有国家打掉以后崩掉了，对不对？这样就反映出了，这个问题并不是像美国理解的那个样子。你们真的要是以人类的福祉或者以人类的生存发展为根本出发点，以管理世界为基本政策的话，我倒觉得这个问题不大，解决起来也非常简单。因为只要美国的行动符合人类共同的利益，美国一号召，全球都会支持。

比如说反恐，当年你反恐的时候，我就认为是美国树立全球信用体系的最好的机会，各国都支持你，俄罗斯也支持，中国也支持，其他国家更不用说了。站在美国身后的几乎是所有的国家，都站在美国身后了，那为什么不利用这个机会打恐怖主义，然后找威胁人类的敌人在哪里，全球再跟着你，你就自然是老大。这就要说到，由于美国历史短，因此他缺少哲学思维,《老子》说"道可道，非常道",《孙子》说"不战而屈人之兵"，这都是中国传统的主张。《老子》里还说"以天下之至柔，驰骋天下之至坚"，就是用怀柔的方式解决问题。我为什么建议美国向中国学习？其一，学习中国的改革开放；其二，向中国的传统来学习。这种管理天下的思想，包括以前的朝贡体系，不是靠武力征伐，无论是中国传统的哲学家还是中国传统的军事家，他的主要思想都不是打仗，都不是通过军事手段，军事手段大部分是作为外交手段来运用的。包括秦国吞并六国，我昨天还跟你们一个博士在谈这个问题，秦国统一六国用的办法也比现在美国用的办法高明得多。他用的主要是外交和经济手段，最后用的是军队，只用了十六年的时间，一统天下。今天美国还达不到这样一个高超的战略水平。军事手段成了你们主要的手段，就是没有超脱传统帝国的框架，是徒劳的。

我们可以看蒙古帝国，来得非常快，消失得也非常突然。因为，蒙古没有文化跟进。文化是一种撼动人心的力量，但是在美国的后面没跟随这个东西，所以，为什么你们在中东打掉了利比亚之后，还有美国大使被杀？就是你的文化没有进去，你的文化和他的文化没有融合在一起，导致你前面的军事作用变得非常有限，这恰恰是作为一个帝国最失败的地方。在秦朝的时候，这些都是先行的，军队是在后边的。我对美国主要用军事手段征服世界的前景是不看好的，也就是说我觉得凭这样一项手段去完成他统治世界的目标，会把这个世界打烂、打乱。美国在做的是人类世界中最冒险的一个事业，因为所有的帝国到目前为止都是区域性的帝国，包括当年的秦汉帝国、罗马帝国、亚历山大帝国、波斯帝国、蒙古帝国等，都是区域性的帝国，英国虽然号称“海洋帝国”“日不落帝国”，也是区域性的帝国，没有达成全球性的。但美国现在借助全球的优势，特别是全球的交通优势、机动优势，正在想建立一个空前的全球帝国，这是人类历史上从来没有过的事业，因此不管你是有意还是无意，你做的事情就是这样的。我认为，你就是靠一个传统的手段，去建立一个你从来没有过的、新兴的东西，这非常的矛盾。

【王文】对此伟宁先生可能会有不同观点，好像美国也不是只用军事。

【戴旭】他也使用传统帝国的一些手段，进行心理战啊、收买啊。

【王文】信息战、金融战、贸易战……所以我接下来问一下伟宁先生，你认为美国在新一轮建立全球帝国的过程中，军事作用是否在发生一定的变化，它的地位又是什么样的？因为你们在讲“巧实力（smart power）”和“硬实力（hard power）”之间的平衡，所以我很想知道最近你们提到的军事转型、外交转型的实质，以及军事在建立美国霸权中的作用。

【马伟宁】我认为军事作用是放在最后的。比如在阿富汗，没有办法了，就把一个威胁美国的因素弄掉。又如朝鲜和伊朗的问题，我们可以用军事手段来解决这个问题，但是危机并不急迫，所以在这方面我们用经济或者外交手段解决问题。比如说制裁，我们可以宣布制裁某个国家，但还是会有各种各样的国家跟他做贸易，发展各种关系，所以没有什么效果。但是越来越多的国家愿意参加美国的制裁，最近中国也开始去改变他们对伊朗的立场。对急迫的危机来说，经济和外交手段有时候是不合适的，因为需要时间说服别的国家赞成你制裁，还要等待制裁发挥作用。所以，要看具体情况，就是不应该是第一选择，有时候军事手段是唯一的选择。最近十年，我们的国防部长一直在强调把我们更多的钱放在外交方面，因为他们都认识到我们的军事力量是比较大的，但是是有限制的、有一定的力量，所以应该把更多的钱放在我们外交方面。

中美新型关系是口号？

【王文】时间已经不早了，我想提出今天的最后一轮话题，就是关于新型大国关系。感觉是中国先提出来的，然后美国基本上也接受了这样一个提法，但是到底什么是“新型大国关系”？似乎两国之间没有什么新的说法，我不知道美国有没有讨论中美之间要建立一种新型大国关系。

【马伟宁】好像这就是个外交口号，到现在为止还没有看到有什么实质性的新内容。

【王文】在你看来，随着奥巴马上台以后，美国的军方、国防部包括智库对于中国的定位有没有发生什么变化？对中国的战略有没有什么新的思想或变化？

【马伟宁】很难说。奥巴马和小布什基本没有很大的区别，变化不是很大。

【王文】比如说在媒体里看到，一些所谓的“G2”“中国来了”之类的，但是在你们军方的研究界来说，这种感受并不明显，你怎么来理解?

【马伟宁】从军人方面来看，虽然最近有一些新军舰、新飞机、东风-21导弹，最近有好几个这样的例子表明中国在扩大军队力量，但是对我们改变不大。我们是在想新的战略和新的作战系统，但是跟中国没有很直接的关系。

【王文】戴先生你怎么看中美新型大国关系?

【戴旭】“新型大国关系”这个概念在中美之间应该是差不多同时提出的。我认为，这个“新型大国关系”的提出有以下几个层面的理解：从美国的角度看，“二战”以后美国认为世界上只有自己是大国，其他都是小国，现在提出你是大国、我也是大国，有点向美国要地位的感觉。其潜台词就是：“之前你美国是老大，我们都是小国，现在我们也是大国了，我们要平等。”美国听到了肯定会非常不爽。那么这个情况怎么来的呢？我认为有两个原因，主要还不是因为这些国家发展起来了，也不是因为美国衰落了——美国衰落了，中国、俄罗斯、巴西强大了——这是目前流行于世界上的一个普遍的判断。我不太同意这个判断，实际上现在的国际格局仍然是只有美国一个大国。那为什么提出新型大国关系的问题？原因其实在于，美国在冷战结束以后犯下了一系列作为老大不应该犯的错误。

第一，在反恐战争当中，你透支了作为世界唯一大国的政治信用，这一点我不知道伟宁先生同不同意，我认为是透支了这个信用，你没有把人类的公敌当成你和大家共同的目标，凝聚全世界的共识去反恐。包括你打伊拉克战争，很多人都是不同意的，实际上你打下了伊拉克，但透支了你作为老大的信用。第二，在经济危机当中，你透支了作为全球老大的经济信用。你搞量化宽松的时候，我个人认为你是不是应该召集日本、中国、欧洲、俄罗斯开一个会议？你要有全球负责任的形象，你跟任何人都没有通报，你就印了，你印了就一定有人受损。受损伤的这些人就觉得你不够当老大的资格，你想我们几个人推举你为老大，你领导大家，结果你自己在这边弄这些事情，变戏法偷大家的钱，他损失五块钱、我损失三块钱，大家就觉得你不够当老大的资格。

正是由于美国在这两个方面透支了最基本的两大信用，这才导致“新型大国关系”这个概念的提出。并不是说世界力量结构的基本面改变了，没有，欧洲的力量加起来依然比美国的力量差得多，俄罗斯的综合力量也差得多，中国的综合力量上面已经讲了，不能比的。我们就用一个最简单的指标，排在美国后边的二十个国家所有的军力加起来也不及美国的军力。就说航空母舰吧，欧洲、俄罗斯、中国的航空母舰加在一起，能比上美国的几分之一？这是最典型的一个对比。还有核武器，也一样。能够构成大国地位的两个最简单的东西你都不具备，也就等于说真正和美国平等的大国根本就不存在。既然新的力量结构都不存在，哪来的新型力量关系呢？之所以出现这个名词，就是你美国自己犯下的错误，你已经招致了全世界中等强国的普遍不满。这种普遍不满不是因为他们力量的强大，而是你的做法不像一个超级大国的做法，你的信用丧失了，仅仅剩下了“硬力量”——你的军事力量、经济力量，但你的“软力量”已经没有了。你作为全球领导者的信誉已经受到了很大的损失。如果你意识不到这个问题，继续无视其他大国的正当利益，继续一意孤行的话，你还要继续损失。

你的力量建立在大家跟随你或者站在一起的前提上，如果大家都不跟随你了，你的力量是很有限的。我们刚才就说，所有中等强国的力量加起来都不如你，但是你美国绝对不能说我把所有国家的力量都打掉。这是绝对不可能的，对不对？你无论和欧洲还是和俄罗斯、中国，美国只要单独和这些力量发生决战，美国的地位马上不复存在，对不对？因此你老大的地位是建立在和这些你之后的二类国家有共识的基础上，这个共识成就了你老大的地位，就像一个董事会，我们几个人推举你是董事长，你就是董事长。不推举你，你就是第一股东。就是这么一个情况。美国没有给自己定位清楚，你不能因为你是第一股东和董事长，你想怎么样就怎么样。不然公司存在不了，你也不可能发展壮大，这就是目前世界的现状和美国的困境。

在经济危机当中，更多国家也不再信任你了，为什么其他的国家都在搞货币互换，表明各国已经不再信任你了，你最近在钓鱼岛、在日本这个事情上，实际上又损失掉了你在亚洲的基本信用，你导致中国对你不信任，这些不信任看上去对你的“硬实力”不会造成损伤，实际上是加大了美国领导世界的阻力。

在此，我愿意向伟宁先生举一个中国历史上的例子，秦国在统一六国之前，和赵国发生过一场长平之战，这场战争打完之后，赵国有四十万的军队投降了秦国，秦国的将军白起把这四十万投降的赵军全部坑杀掉了。看上去免除了赵国以后复兴的后患，但他没有想到其他国家由此看到了秦国的强暴，组成了六国联盟，坚决不顺从秦国，秦军很多年不敢动武。我们都不信任你了，你的阻力就一下子加大了。当年日本犯的错误也是一样，他认为在南京搞一个大屠杀，中国人就会跪下来。结果怎么样？屠杀完以后中华民族被唤醒了，最后埋葬了日本。两个教训都是一样的，就是你展现你蛮横的一面，实际上会削弱你自己的力量。

在“二战”当中，美国有几次是散发正能量的，在战后，美国的地位为什么这么高，大家为什么都拥护你？因为你“二战”中打败了法西斯，伸张了正义，惩罚了坏人，维护了世界的和平。所以不管你获得什么好处，大家都愿意给你。但以后美国连做了几件事情，就自损“软实力”了。一个是朝鲜战争，一个是越南战争，特别是在越南战争之后，美国的损失是相当巨大的，原因还不是你军事失败了，而是你的信誉没有了，才会出现美洲很多国家都不跟着你。美国第二次展现正能量是打击恐怖主义，包括跟中国也有很多合作，这是第二次的信誉恢复，非常好的一个机会，结果你在击毙本·拉登以后，不去寻找另一个人类共同的敌人，反而来围堵中国。中国是人类的敌人吗？中国甚至都不是美国的敌人，中国谁的敌人都不是，你抓住中国不放依据何在，意义何在？你在反恐战争中打伊拉克已经让你的信誉受到了很大的损害，我现在的判断是，你下一步抓中国这个战略也不能唤起全世界所有的政治力量都跟随你，至少你唤不起欧洲，欧洲不会跟着你们对中国发动冷战的，这个我早就做了判断，绝对不可能。俄罗斯也不会跟着你们，你们只能唤起亚洲那几个想获取自己利益好处的小国，如菲律宾、越南和日本。再多国家你们也唤不起，因为中国并不威胁他们，中国跟他们是有共同利益的，中国不威胁他们，他们怎么可能跟着你们起来打中国呢？所以我判断，如果美国战略重心东移不改变，美国会在这些政策中失去尚存的作为全球大国的信誉。

世界帝国与金融危机

【王文】昨天的谈话谈出了很多深层次的问题，戴旭先生关于世界帝国的发言给我留下了尤其深的印象。从历史的角度来讲，美国也是被逼上去的。

【戴旭】很多时候帝国都不是刻意追求的，而是自然走到了这一步。并不是说美国追求世界帝国地位不好，你已经是帝国了，那你就不得不用帝国的方式看问题，用帝国的方式管理世界，再用帝国的经济、政治、军事手段达成目的。比如美元全球流通，美元就是全球货币；美军全球部署，就是全球军队；美国大片全球放映，到处传播“民主自由”，就是美国的价值观。让别人都信你。以秦国为例，秦统一天下的重要标志是“车同轨、书同文、统一度量衡”，这不就是世界帝国吗？那现在我们用这三个标准来看美国，放大概念：“车同轨”，我们用的飞机、汽车都是欧美制造的；“书同文”，全世界都学习英语；“统一度量衡”，今天的米、千米、千克，都是西方的概念。

【王文】这还是几十年前的情况，现在最关键的是信息技术和新媒体的出现，相关标准都是美国标准。

【戴旭】就是这样。不管美国承认不承认，你就已经是这样了。这样的情况下，你思考问题，自觉不自觉的，就是这样。伊朗就不能拥有核武器，拥有了就是不行，核能都不行，这是你本能的行为。并不是说你坏，没有人说你坏。比方说我们要管理这个园子，有一个工人要放炮，你说不能放炮，这个区域是我的，你放炮我就打你，美国是这样的一种思维方式。所以今天全世界只有美国在打来打去，想打谁就打谁，别人就不行。还是那句话，并不是说美国坏，是因为美国就是这样一个形态，有了这样的能力，还愿意这样做，然后，他就这样做了。

【王文】这就是一个互动，世界也需要你这么做。

【戴旭】对呀，为什么在某种程度上我说，在日本这个话题上，在中国内心来讲，中国希望美国这样。因为中国暂时管不住日本，俄罗斯也管不住，如果美国不在那里，日本还会重新变坏，下一个祸害太平洋的还将是日本。

【王文】但现在的问题是，美国过去是“富翁”，很有钱。现在呢，因为五年来的经济危机，好多钱丧失了，虽然还是很有钱，但原本可用的钱可能少了，没了。那怎么办？

【戴旭】这个问题实际上比较简单。美国的自我定位和世界对美国的定位不能重叠，美国认为自己还是一个普通国家，世界已经认为美国是帝国了。你们认为自己是美国，所以不承担国际责任。我是政府，我到处乱花钱乱打仗，我现在没钱了，那我怎么办？我有两个办法：第一，人民都是我统治的，我征税，你们给我交钱。但现在大家都不愿意，都造反。那怎么办呢，我印票子！你不是不交给我吗，我印！这是我的权力，美国不就是这样做的吗？印了钱就等于把原来十块钱可以买的东西，提价到二十块钱。

【王文】最近在讨论要印一种一百万亿的硬币，一个硬币一百万亿。

【戴旭】就是这个意思，我说它是钱，它就是钱。一下对冲了一百万亿啊。他把世界的一百万亿给对冲掉了，归零。非常狠，或者说叫掠夺。这就是美国政府的生态，政府的权力。第一，印钞票；第二，养军队。美国现在就是靠着美元和美军来统治世界。比方说美元，今天印了一张纸，到中国可以买中国造的汽车，可以买中国的面包。把东西带走了，把纸放在这里。政府也是一样的，各国政府都是这样，我想要老百姓的牛，你不给我吧，我印票子给你，牵走你的牛。

【王文】所以说，并不是美国坏，而是政府本身就有坏的地方。

【戴旭】世界就是这样运行的，很现实的。2009年我就提出，中国借给美国的国债，并不是说美国不还，但还你的是数字上的等额。比如说我借你一万亿，加上百分之十，还你一万一千亿。从数字上看，一万一千亿肯定比一万亿多。但这两个数字代表的财富数量是有天壤之别的。就像今天的万元户和80年代的万元户没法比的，80年代的万元户可以买多少东西，能买三十匹马、四十头牛，能买一套房。今天一万元连一条马腿都买不了。一万元还是一万元，但是财富数量有天壤之别。现在美国的量化宽松政策就达成了这个效果。

长江文艺出版社有限公司北京图书中心·上海最世文化发展有限公司出品

北京长江新世纪文化传媒有限公司总发行

青春文学

悲伤逆流成河（新版）	郭敬明	25.00元
幻城	郭敬明	23.00元
夏至未至	郭敬明	26.80元
小时代1.0折纸时代（修订本）	郭敬明	32.80元
小时代2.0虚铜时代（修订本）	郭敬明	29.80元
小时代3.0刺金时代（修订本）	郭敬明	35.80元
灵魂尽头——小时代电影全记录Ⅲ	郭敬明	39.80元
临界·爵迹Ⅰ	郭敬明	19.80元
临界·爵迹Ⅱ	郭敬明	22.80元
爵迹·燃魂书	郭敬明	18.80元
愿风裁尘	郭敬明	36.80元
守岁白驹	郭敬明	28.80元
怀石逾沙	郭敬明	28.80元
我只能短暂地陪你一辈子	郭敬明	42.80元
故乡，或者城市	郭敬明	38.80元
下一站·济州岛	郭敬明等	29.80元
下一站·神奈川	郭敬明等	26.80元
下一站·台北	郭敬明等	29.80元
下一站·吉隆坡	郭敬明等	29.80元
下一站·伦敦	郭敬明、萧凯茵等	26.80元
下一站·法国南部	郭敬明等	29.80元
下一站·那不勒斯	郭敬明等	32.80元
下一站·哥本哈根	落落、安东尼等	32.80元
这些都是你给我的爱Ⅱ·云治	安东尼	24.80元
这些都是你给我的爱云治	安东尼	32.80元
红——陪安东尼度过漫长岁月Ⅰ	安东尼	28.80元
橙——陪安东尼度过漫长岁月Ⅱ	安东尼	28.80元
黄——陪安东尼度过漫长岁月Ⅲ	安东尼	28.80元
尔本	安东尼	46.80元
西决（新版）	笛安	34.80元
东霓（新版）	笛安	26.80元
南音（新版）	笛安	38.80元
告别天堂（新版）	笛安	29.00元
南方有令秧	笛安	34.80元
不朽	落落	22.00元
须臾	落落	24.80元
尘埃星球（新版）	落落	22.80元
千秋	落落	28.80元
万象	落落	39.00元
剩者为王Ⅰ/Ⅱ	落落	25.00元
19	落落	38.80元
有生之年	落落	58.00元
天鹅·永夜	恒殊	29.80元
十字弓·玫瑰之刃	恒殊	24.80元
十字弓·背叛者月	恒殊	24.80元
十字弓·亡者归来	恒殊	24.80元
160 170 180	陈晨	26.80元
浮世德（新版）	陈晨	26.80元
约克公园	陈晨	26.80元
你在世界的每一处	陈晨	32.80元
2037化学笔记	陈奕潞	26.80元
过去的，最好的	刘麦加	26.80元
未来病史	陈楸帆	26.80元
时间之墟	宝树	29.80元
你看见我男朋友了吗?	曹小优	24.80元
琉言·第一条	琉玄	29.80元
宅不宅之暴走香港	琉玄	22.80元
宅不宅之玩转东京	琉玄	22.80元
北京人在北京	琉玄	26.80元
相爱的人要相爱	疏星	24.80元
任凭这空虚沸腾（新版）	王小立	24.80元
这一天，给你的歌	王小立	28.80元
直到最后一句（新版）	卢丽莉	26.80元
我在梦见你	卢丽莉	22.80元
爱要说，爱要作	包晓琳	26.80元
爱情是一座荒芜的花圃	张喵喵	22.80元
刺我一个吻	黄伟康	26.80元
与雨日肇事的爱	黄伟康	26.80元
伪人2075·意识重组	迟卉	26.80元
恶忆	毛植平	26.80元
燃烧的男孩（新版）	李枫	26.80元
没有故乡的我·和我们	李茜	26.80元
一生的笔	天宫雁	26.80元
白色群像（新版）	肖以默	26.80元
深深	肖以默	26.80元
家住南塘路	野象小姐	24.80元
单声列车	吴忠全	26.80元
再没什么比生命更寂寥	吴忠全	26.80元
等路人	吴忠全	26.80元
我们没有在一起	吴忠全	26.80元
比梦想更重要的是	孙梦洁	28.80元
吹笛者与开膛手	程婧波 孙十七	36.80元
用尽柔情	解学功	24.80元
一世安宁	张瑞	26.80元
掠食城市Ⅰ：致命引擎	菲利普·瑞弗	29.80元
掠食城市Ⅱ：罪孽赏金	菲利普·瑞弗	29.80元
掠食城市Ⅲ：邪恶装置	菲利普·瑞弗	29.80元
掠食城市Ⅳ：黑暗平原	菲利普·瑞弗	36.80元
天蝎骑赛	玛姬·斯蒂瓦特	29.80元
我们就是世界	Pano	32.80元
明天见	Pano	36.80元
刚好有你在	夏正正	39.00元

原创漫画

青春白恼会（1）/（6）	千靥 爱礼丝 阿敏	10.00元
青春白恼会（7）（8）	千靥 爱礼丝 阿敏	12.80元
小时代1.5青木时代（1）/（4）	郭敬明	14.80元
小时代2.5锋银时代VOL.2/VOL.4	郭敬明	14.80元
爵迹囧格	郭敬明	22.80元
下垂眼	王小立	10.00元
下垂眼.VOL2	王小立	14.80元
下垂眼.VOL3	王小立	16.80元
艾莎的森林（上/下）	张晶	16.80元
梅兰芳卷一梅之卷	林莹	16.80元
梅兰芳卷二兰之卷	林莹	16.80元
梅兰芳卷三-竹之卷	郭敬明	14.80元
梅兰芳外传-再见梅兰芳	林莹	16.80元
N世界（新版）	年年/郭敬明	45.00元
暖墟	年年	49.00元
爵	王浣	58.80元
赐夜织典	王浣	48.80元
依灯半言	王浣	58.80元
纯禽史：辞职前我都干了些什么	叶阐	24.80元
纯禽史：爱不作会死	叶阐	26.80元
纯禽史：是窘女啊！	叶阐	26.80元
封神RELOAD（1）（2）（3）	阿明 阿莹	16.80元
夏顷	SHEL	42.80元
风色四叶草	SHEL	45.00元
二秃子！不许笑！（1）（2）	漠漠	29.80元
二秃子！不许笑！（3）（4）（5）	漠漠	32.80元

期刊

最小说	郭敬明	16.80元
文艺风赏	笛安	16.80元
文艺风象	落落	16.80元

【马伟宁】有好几个例子，政府用这个办法来处理问题，最后结果不好。德国、津巴布韦、墨西哥，虽然有这个能力，但不能经常用这个办法。

【戴旭】政府不能老印钱，美国也要维护自己的信誉，不能老印钱，道理一样。

【马伟宁】我们在美国也谈了这个问题，碰到危机的时候，用这个办法，很多人就批评政府，有很多负面影响，美国的钱就是全世界的钱，如果影响利息，对货币价值会有影响。所以美国对美国以外的国家虽然有这样的能力，但不能随便去做。

【王文】现在从财政角度来讲，财政悬崖也过去了，从军事角度来讲，对美国的军事战略有没有影响?

【马伟宁】现在的世界上，国家的军事力量一定程度上取决于经济力量。如果碰到经济问题、货币问题或股票问题，都会影响国家的经济。所以在一段时间内，可以用特殊的办法解决问题，但必须考虑到以后的影响。所以我们不急需这样做，我们的百姓都认为我们负债太多。国防预算是最大的，所以应该减少一下。不能说我们不可以这样做，但也要考虑到以后。伊拉克我们离开了，明年离开阿富汗，必须保证以后的能力来恢复经济和军队。金融危机以后，我们的装备都受到一定的影响，需要一定的预算来恢复或采购新的装备。

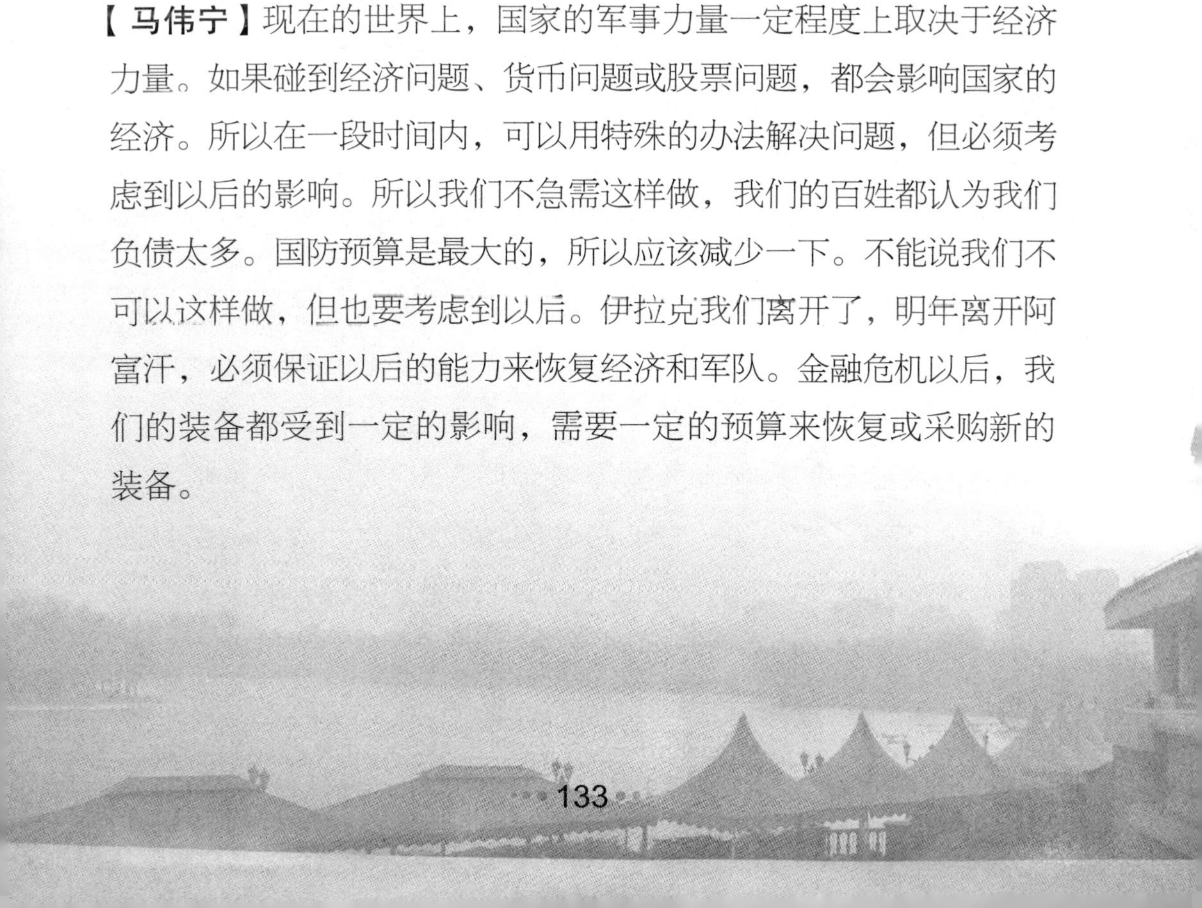

美国对外扩张的改造路线

【王文】昨天咱们还讨论了“美国衰落”的问题。戴旭先生认为，美国没有衰落，只是“摔倒”。这个说法很形象，也很深刻，基本得到了大家的共识。我们现在顺着这个共识，更深入地去看，就会发现，在过去的五年里，美国就像一个大章鱼，“摔倒”之后会拽着很多人一起倒。这个“拉倒”实际有两个概念，像伊拉克、阿富汗这类国家，没钱了，走了，不管了，留了个烂摊子。美国留下了一批所谓的“失控国家”，这个问题两位怎么看？

【马伟宁】我也讲一下历史，20世纪80年代苏联入侵阿富汗时，我们给予阿富汗很多帮助去反抗苏联。那时候，我们和阿富汗老百姓关系很好，因为我们一直在帮助他们。苏联离开后我们也离开了，没有帮助阿富汗恢复他们的经济，使他们陷入了一个混乱的状态，让本·拉登有了培训恐怖分子的地方。现在阿富汗战争结束后怎么办？有些人希望完全离开，认为阿富汗和我们完全没有关系。但是历史告诉我们，在今天的世界上，没有一个地方是我们可以完全不管的。多一个无政府的国家，我们就多一个敌人。政府可以控制自己的意图，而且也有自己的国家利益。如果是一个失控的国家，没有人可以控制他。所以，我们依靠联合国，按照国际法做事。但如果是朝鲜或者伊朗或者叙利亚和也门这些地方，就比较麻烦。这就是我们为什么一直在谈阿富汗战争以后怎么办。我个人认为，我们应该继续帮助他。伊拉克以前有一个基本有效的政府，虽然以前独裁，但也是一个国家。但阿富汗不是这样，历史上就没有国家经验，基本上是地区割据状态。我们一直在看，但还没找到一个合适的办法。除非我们留在那里，找一个势力建立一个政府、一个国家。可是，由于我们没钱，也没有这个习惯。战争胜利后，美国老百姓不允许我们政府继续这样。我们能离开伊拉克，是因为伊拉克现在有自己的政府，虽然也有一些麻烦。但阿富汗在我们离开之后就会发生内战，我们应该想办法避免这种情况发生。另外的问题是，阿富汗也是印度和巴基斯坦的问题，印度需要经阿富汗迂回巴基斯坦，所以巴基斯坦不愿意印度进入阿富汗。印度和巴基斯坦在阿富汗互相抵制。另外一个国家就是伊朗。伊朗，一不喜欢阿富汗，二不喜欢美国在阿富汗。到现在为止，都是很大的麻烦，未来我们不可能完全离开。因为地区内的民主国家不会提供太大的帮助，不会帮助阿富汗恢复。解决阿富汗问题真的是个很麻烦的问题。

【**王文**】这个问题不仅是阿富汗的问题，是美国改造所有国家的一个问题。“二战”后，美国只改造好了德国。冷战以后，美国基本上是改造一个坏一个，伊朗内乱了、南斯拉夫分裂了、利比亚兵变了，阿富汗更糟糕，最后害了美国自己。在这种情况下，我们需要反思一下美国对外扩张的改造路线。戴旭先生怎么看？

【**戴旭**】实际上这是“二战”带给美国的一种惯性，“二战”把美国推到了这个点，他必然要做这些。他干涉别国内政，改造别的国家的行为有时候是下意识的。冷战期间，中情局更换别国的政府是最多的，不是采用战争的方式，而是扶持反对派等方式。几乎找不到很成功的例子，包括巴拿马。“二战”后美国政府对其他国家的改造一直没停。以前因为苏联在，战争门槛比较高，采用的是情报战策略。苏联解体之后，最大政治障碍不存在了，就采用军事手段改造。

就伊拉克来说，虽然美国全身而退，但历史地看，伊拉克并没有恢复安稳。不能说今天伊拉克的稳定程度超过了萨达姆时期。除了民主的形式外，今天的稳定程度远远不如那个时期。库尔德问题也浮起来了，基本上处于暂时平衡、永恒动乱的状态。阿富汗就不用说了，苏联撤军后，也是个烂摊子，但起码有个政府形式。阿富汗战争后，这个形式又被打乱。我不认为卡尔扎伊政府有国家形态，只是靠着美国的支持维持着国家元首的地位，如果美国走了，形势很难说。有可能塔利班重新再来。阿富汗在很长时间内就是个失控国家。阿富汗的动乱又影响着巴基斯坦，巴基斯坦也有塔利班，动乱的态势会蔓延到巴基斯坦。如果美国在阿富汗撤军，那美国在巴基斯坦、在中亚的几个基地都没有了存在的理由。另外，巴基斯坦一动乱，印度也会麻烦，会形成一个动乱带，进而影响到中国西部。

所以说，美国现在还是个局部思维，与整体的大国形态没有匹配好，“硬件”和“软件”没有匹配好。就是说，美国的帝国形态已经具备，但帝国的思维还没有跟上。美国不是以一个世界帝国的思维来管理世界，而是继续追求自己已经得到的东西，这是目前美国自相矛盾的地方。美国已经是世界帝国了，应思考如何管理世界，做一个文明的世界帝国，做一个全世界都能接受的管理者。比如反恐战争时就短期扮演了一个成功的全球管理者的角色，得到很多国家的支持，找到了一个世界管理者的感觉，匹配了帝国形态。但不幸的是，伊拉克战争使他又丢掉了，又回到那个自我局限的地方。包括今天的“战略重心东移”，都是在追求已经得到的东西。如果你能继续管理全球，今天就不存在战略重心东移这个问题。只需要和域内国家坐下来谈就是了。究竟是什么问题？如果是中国的问题，那是中国的什么问题？如果说是因为中国太强大了，有没有一个指标去衡量？既然你说理解我们的海外利益，那我们的军力发展就是正常的。战略重心东移目前根本就没有理由和依据。帕内塔说东移并非针对中国。那是针对谁？日本？越南？如果说谁都不针对，那理由是什么？古话说“大道至简”，我们从最简单的问题入手。中国一再表示不挑战美国的地位。那你应该思考的是如何管理这个世界。战略重心东移之前，太平洋一片太平，混乱是从“东移”开始的。菲律宾、日本、越南都开始挑事了。可是他们挑事后，美国不说他们，说都是中国的错。

【**王文**】我认为美国是一个经常好心办坏事儿的角色。不知道美国人有没有反思，过去二十年，从科索沃战争开始，以自由民主之名，想让其他国家变好。我们愿意相信你有好的意愿，但效果并不好。科索沃、伊拉克、利比亚，首先是不稳定，然后就无法发展。不知道五角大楼有没有进行这样的思考？

【**马伟宁**】利比亚还需要一些时间来判断最后的结果如何。科索沃虽然还是个麻烦，但比以前好多了。伊拉克也还需要一段时间，他们要想办法解决自己的问题，特别是宗教问题。但不能说这些国家没以前好，应该搞清楚判断的标准。东亚和西太平洋的话，我不太同意前述想法，因为我们基本上从来没有离开。我们在冲绳、在日本、在新加坡，一直有我们的影响力。所以希拉里喜欢用“重返”这个词，这在美国受到了很多质疑。这也是为什么“再平衡”更合适一些。我们也不能简单地说，美国的再平衡政策很突然。第一个就是石油的问题。这是一个长期的问题。最近我们的技术在发展，按照海洋法，一些标准必须满足。菲律宾、日本是我们的盟友。不能说完全因为美国的再平衡政策。另外也不能说全因为美国回来，因为菲律宾、越南、日本都在担心中国的快速发展。不管美国在不在他们后面，他们都会有些不舒服。中国也还没有解释你们最后的目标是什么。当然有美国的因素，但也有很多其他因素。

【王文】可不可以这样总结：第一，目前还不能判断科索沃、伊拉克等国家就是失控国家，时间还太早；第二，即使有一些小问题，美国也只是因素之一，不能全赖美国。

【马伟宁】日本、越南、菲律宾和中国都有这个问题，都认为美国是个因素。但必须承认，中国也是一个因素，没有管理好这些问题。

【王文】重新以一种大的视角去看，你认为，冷战结束后，在美国的管理下，世界总体看是好了还是坏了？是更秩序化了还是更混乱了？

【马伟宁】我个人认为，整体来讲比以前好。虽然短时间内有不利的影响，但民主化的趋势逐渐稳定的话，全世界会更好。如果埃及能变成一个稳定的民主化国家，如果让一个人或一个家族控制一个国家，虽然短期可能是稳定的，但长期肯定不会这样。这就是我们非常担心朝鲜的原因。金正日去世后将权力移交给他儿子，朝鲜会如何？因为这个世界上并没有好的例子来支持权力的这种交接。印度尼西亚比以前好多了，虽然还有一些问题。马来西亚也是如此。我个人认为，第一个问题，就是美国人不太了解自己的历史，虽然大家追求民主，但也是需要一百五十年来建立民主的基础，包括教育、法官、法律等。我们在伊拉克、伊朗，在全世界传播民主，投票是民主的一部分，但不等于民主。很多美国人不了解这样的历史。第二个是告诉全世界的人什么是民主，在这方面我们还需要一段时间来建立基础。但是有些人不愿意这样，比如说在突尼斯、在埃及，以为今天投票后明天就可以实现民主，其实完全没有民主的历史经验和政府管理能力。

【王文】刚才你提到的说法，我不太同意，就是说世界整体在变好。中国确实是在变好，中国之外的世界，整体上是否在变好呢？不知戴旭先生怎么看？

【戴旭】这是从美国的角度得出的结论，而不是从世界管理者的角度得出的结论。刚才说到美国有两个身份无法重叠。一个是美国自己眼中的美国；另一个是世界眼中的美国。刚才的说法是从美国角度看世界，是变好了。我们做什么都是有理由的，而且即使变坏的话，美国也只是一个小因素。换到世界的角度，我们历史地看，比如说伊拉克，撇开他的性质不谈，美国认为，尽管稳定，但萨达姆统治就是不行，就是坏的。但要看一个国家好坏要看安宁和稳定。利比亚也是。我们是这样的标准，跟意识形态和政治没有关系。刚才王文先生说的观点我是同意的，这么多年只有中国算是做得好的，因为中国排除了美国的干扰，但2008年、2009年也有几个地区受到了干扰。比如说西藏、新疆、台湾。假如没有美国因素介入，实际上这些地方都是很安定的。客观上，大多数中国人的感受是这样的。中国自身的安定是排斥了美国干扰的结果，是我们自己努力的结果。而现有的一些不安定的因素，是美国强烈干预的原因。就是说，美国追求的中国的形态和中国自身追求的形态是不一样的。中国追求自身安定是种本能，美国也希望你这样吗？中国人是不相信的。这就说到中美关系互动的问题。如果美国希望中国在政治上稳定，那就不要添这么多麻烦。如果希望地区稳定，那就不要老接见热比娅、达赖了。双方应该来谈一下，美国在管理上有先进的经验，我们正在转型之中，这一点是要拜你们为师的，你可以传授给中国。你只要真心为中国好，可以扮演一个老师的角色，中国会虚心接受的。中国的稳定和发展符合双方的利益。但现在美国不是这样做的，这就是为什么存在中美互疑。我们希望稳定，但你们恰恰要制造问题，这就是矛盾的起源。现实中的矛盾一旦产生，其他的东西就成了虚伪的外交辞令。我认为中美关系的症结在这里，有必要双方坐下来开诚布公地谈一下。到底一个什么样的中国符合你们的利益，而不是停留在口头上。语言上中美很少有冲突，都是行为上的冲突。

【王文】可能有些语言字面上是一样的，但含义是不同的。

【马伟宁】稳定是一个值得考虑的因素，但不是最重要的因素。有一个很不好的政府管理国家，如果可以改变的话，还是去改变。这不是唯一的标准。如果从这个角度看，现在没有冷战时期那么好。欧洲东部也是比较不稳定的，但这是俄罗斯的作用。还有非洲，就不谈了。

【王文】还是刚才说的那样，美国做了很大的努力，但出了事，又推卸责任。

【戴旭】这反映了美国的一个心态，对美国来说，这些国家的稳定并不是最重要的，能自由追随美国的“自由”，和能够民主追随美国的“民主”才是最重要的。不管你乱不乱，只要你听我的话，就是好政府。

【马伟宁】如果是真正的民主国家反对美国怎么办？我们认为这是可以接受的。比如说埃及，现在一些人不喜欢美国，如果他们建立了一个真正的民主国家，即便他们反对美国，这是可以接受的。听不听话是冷战时候的愿望。现在我们改变了这种想法，现在是最大程度满足老百姓的愿望。在德国我们有比较好的结果。

美战略重心东移“授人以渔”？

【王文】刚才提到“战略重心东移”的话题，美国内心可能真不这么想，但引起的反应不会是他心中原想的那样。“战略重心东移”提出后，可能内心并不是针对中国，但形成了这种客观效应。奥巴马第一任期没有向世界很好地解释什么是“战略重心东移”或“再平衡”。所以我有个疑问，美国到底知不知道自己在做什么？

【马伟宁】我个人的理解，最近十年，美国一直在打仗，大多数精力、财力、军力都放在了中东。很多学者认为这个世纪是亚洲的世纪，而我们也是一个太平洋国家，和太平洋国家的关系怎么办？所以说要再平衡。从目标来说，第一就是要建立和太平洋国家的关系，多边或双边关系，而且我们要求地区的稳定。印度尼西亚可以算是很好的例子，其经验可以帮助其他小国。现在缅甸也要做出改变，所以我们要帮助他们的发展，使其变成现代的民主国家。我们不要把太多力量放在中东，希望他们自己可以管理自己。不光是一个国家或政府，如果太依靠一个国家，就不会发展自己的力量。“授人以鱼，不如授人以渔”。“再平衡”最重要的是帮助这些国家去“渔”，让这些国家学会如何管理一些问题。这是我们一个长期的希望。我们的政策可以说有效也可以说无效。从美国的角度来看，这是有逻辑的。但我们不了解亚洲人怎么看，所以很可能就是空有好的意图但产生不了好的结果。

【王文】以中国的角度来看，随着美国“亚太再平衡”战略的提出，亚太地区并没有变得更好更稳定，反而更糟了。有两个问题：第一，你是否承认这一点？第二，如果你承认，那你认为这情形是五年前提出战略重心东移时所预料到的吗？

【马伟宁】不能只看中国与周边国家的关系，也应该看这些国家内部或之间的冲突，比如说菲律宾的国内冲突比以前好得多，斯里兰卡也是这样的。不能说与中国有关的都不稳定了，应该看整个地区。开始推行这个政策时，本来可以有更多更好的解释，我们的目标是什么，我们为什么要回到亚太。虽然我们有时也阐述了这个战略。但还有一点就是，我们还在打仗，虽然有这个希望，但没有能够实施。我们一直在说这样做，但我们没有这个能力，这是有矛盾的。比如说，离开阿富汗、离开中东。不能否认，这对这些国家都有影响。我个人认为，我们没有预测这会造成多少负面的影响。对我们来说，缅甸和越南这两个国家开始有改变了，是一件好事。虽然还没有达到他们最后的状态，还不能完全说是好事，但这条路是比较好的。对繁荣、对发展来说，都是好事。

【戴旭】你的意思是美国战略重心东移是“授人以渔”。这和中国的所想完全没有一致性。奥巴马第二次当选之后改变了以往首访大国的做法，首访了柬埔寨、缅甸和泰国，亚太地区三个和中国关系最好的国家。根据美国的外交惯例，总统的首访往往标志着外交政策的优先方向。单被美国理解为“授人以渔”的政策，在中国看来，不过是几年前政策的延续。几年前希拉里在“东盟峰会”上公开提出要在南海问题上遏制中国。在美国去之前，中缅关系是相当稳定的，缅甸内部也是比较稳定的。美国去了之后，发生了几件针对中国的事情。中国在缅甸有三大项目，一个是水电站，一个是铜矿，一个是油管。密松水电站停建了，铜矿和输油管线现在也开始出问题了。三大项目全部出问题，这是美国去之后，缅甸针对中国的一个动作。同时，缅甸的政治情况也在变，希拉里拥抱了昂山素季，缅甸的政治形态发生了变化。一系列的结果就是缅甸政府和克钦独立军的战争扩大到了一定规模，还有炮弹落到中国境内。这是以往多少年中缅关系史上未出现过的。如果这是美国所授的“渔”的话，那中国会理解为这是美国在教他们制炸弹。这就是你们理解的和我们理解的、你们说的和事实之间不符的情况。

如果美国重返亚太真的是“授人以渔”、发善心、教他们“钓民主的鱼”，那是不是亚洲这三个国家是目前最需要这个“鱼”的呢？非洲需不需要？美洲需不需要？为什么首先是这三个国家，特别是缅甸呢？现在看来，民主没“钓”到，反而先“钓”到了动乱。美国对战略重心东移的这个解释无法获得中国最基本的认可。就像以前的伊拉克一样，美国去了并没有让本地变得更好，缅甸变得比以前更动乱了，还对中国产生直接的重大经济和战略影响。这种情况下，中国不会认为美国去缅甸是教他们民主去了。

再说到日本，美国反复强调美、日、韩是亚太战略的基石，在朝鲜半岛、在日本又会教他们钓什么“鱼”呢？韩国和日本不需要这个“鱼”，朝鲜则没有接到赠送。2010年美国连续搞了十次“空海一体战”的演习，包括“华盛顿”号航母开进黄海。这就让人不明白了，朝鲜和缅甸都是军政府独裁，美国到缅甸送“民主”这条“鱼”，那你送给朝鲜的又是什么？美国怎么解释一个政策在两个地方会是两样东西呢？

因此，美国“战略重心东移”的概念和动机没有向中国解释清楚，却想让中国理解你，还反复说不是针对中国，中国怎么会相信呢？因为美国是做在先，并不是中国西移至古巴要送“中国特色社会主义”这条“鱼”。是美国首先来，因此，美国有必要合情合理地把“战略重心东移”向中国解释清楚。解释清楚这个概念，应该成为发展未来中美关系最基本的前提。正因为美国战略重心东移，才让中美之间战略互疑加深，才成为未来中美有可能冲突的根源，也有可能成为中美之间战略对抗的爆发点。现在就是这个问题，是你拿着刀过来了，我们不知道你要来干吗。你掂着刀站在中国门前说是给邻居送鱼的，中国不相信。而且你还跟邻居说，你不要跟中国好了。事实上就是这么个状况。你让我怎么相信，你在中国门外放了挺机关枪，说是支了个鱼竿，教小国钓鱼。你让中国怎么想？

【王文】我觉得，无论是美国五角大楼也好，还是美国国务院也好，面临一个非常重要的问题。如果你内心真的是为了东亚稳定好，就必须要解释清楚。当然，如果美国内心就想这么乱，想遏制中国，那也可以不认真解释。但官方声称不针对中国，如果官方不是撒谎的话，那美国面临的一个课题就是，有什么证据和逻辑跟中国说清楚，不是中国理解的那样的？

【马伟宁】好。我认为，不能说事件这样发生了，就认为是美国的责任。有可能有关系，也有可能没关系。再有就是要看每一个情况不同的地方，比如说钓鱼岛，中日的船碰撞了，然后日本就抓了中国船长。美国是一个二元思维，日本改变了他们的思维，中国也改变了，特别是钓鱼岛问题上，也有日本国内政治的影响，东京的市长为了吸引更多人去支持他，就打出了爱国主义的旗号。这是他们国内政治的影响。而美国从小布什到希拉里是突然的一个转变，还有一系列的因素发生，应该看各样的情况。缅甸有所改变，因为美国的制裁等，反正他们改变了，要创造一个新的政府，虽然还有很长的路要走，但他们开始这样做了。如果朝鲜要这样做，那么我们也愿意跟他谈一谈，给予更多的帮助。缅甸改变了，所以我们就帮助，这和朝鲜的情况是不一样的。我们不能忘记另外的因素，重要的很大的因素是中国方面的或美国方面的，但不能否认其他因素。也不能否认小国家利用中美态势获得自己的国家利益，每个国家都基于他们自己的利益，这个不能否认。我们大国的很大的责任，首先就是应该了解，然后不要允许小国家将我们拉入冲突。

【王文】刚才讲了日本的问题，可能你讲得有道理，从“撞船事件”一步步走到现在，但背后美国怎么样又是个分歧。中国有中国的看法，美国有美国的看法。那你怎么看缅甸、泰国、菲律宾呢？比如说缅甸，你怎么看？

【马伟宁】从美国的角度来看，这是一件好事。他们改变了他们的行为模式，新的政策、选举制度等，对他们的国家，对美国都是件好事情。所以，从我们的角度来看，是一件好事。

【王文】一个国家的民主化，如果能平稳过渡，一个转型成功的民主国家，我们应该去拥护他、去认同他。那有没有考虑到，转型的过程中，对中国利益构成的伤害？

【马伟宁】不应那么悲观，认为如果对美国有好处就是对中国有坏处。有可能两面都有好处，有可能对一方有好处对另一方没什么影响，有可能就是一方抓住了他的东西。另外，我们不能说，因为美国得到了好处，或者对于美国利益是好的，就对中国利益有什么影响。比方说，中国说美国完全控制缅甸，改变了缅甸，这样就损害了中国利益。到现在为止，我对缅甸改变可能对中国产生的影响，还有点不清楚。我可以理解，中国还有点担心或者不舒服，但是，好像没有一个好的例子说损害了中国的利益。

【王文】就是说，你不认为缅甸的改变，或者美国推动缅甸的改革，损害了中国的利益。

【马伟宁】是，现在我不知道有没有一个明显的例子说，因为美国迫使他们追求民主导致的变化影响了中国。

【戴旭】中国从来没有对美国公司在中国周边的发展有过任何反应，我们都欢迎你们的公司到我们本土来，我们怎么会在意你们的公司在我们周边呢？中国不在乎美国，中国在乎的是美国到周边国家的另外的因素。第一，是政治人物带来的政治因素，比如说总统、国务卿、国防部长等。第二，是美国的军事行为。第三，关注的是美国和这些国家接触以后，这些国家对中国的态度变化。自从希拉里在亚太峰会上表明重返亚太以后，这实际是亚太局势的一个转折点。从那以后，菲律宾前所未有地，开始在法理上挑衅中国。以前说，南海和东海如果不是发现油气是不会有如此争端的，这确实有其道理。以往菲律宾和越南占住地方以后，从不说主权归属，只是开采油气。这个时候，中国提出共同开发，不涉及主权问题。邓小平的“搁置争议，共同开发”来源于这里。但美国来了之后就变了，菲律宾首先把版图变了，越南公布了“领海法”，在政治上和法理上改变了。这事实上就是美国和这些国家接触之后对中国造成的直接影响。这些国家行为的性质发生变化，因此和中国的矛盾就产生了，这难道不能理解为是美国带来的政治后果吗？当然美国也可以理解为，是小国他们愿意这样做的。但中国不这样理解。

【王文】其实我非常担心一件新的事情，就是随着美国战略重心东移，在东亚西太平洋地区，未来可能不一定是中美直接冲突，而是中美的代理人战争。有两种形式：一种是某个国家内部的冲突，亲华的和亲美的；另一种就是某些国家充当美国的代理人和中国发生冲突。这种情况怎么看？有没有可能出现这样的危险？美国有没有这样的危机处理预案，或者还是美国很想让这种情况发生？

【马伟宁】间接冲突的可能性是存在的。越南和中国打仗，对美国没什么影响。但是，应该承认，中国没有对这些小国家解释他的战略和立场是什么。比如说“九段线”是什么意思，没有告诉世界、没有告诉美国、没有告诉这些小国家，所以他们就怀疑中国的立场是什么，有点担心。我们不能说，美国重返亚太的政策没有影响，当然有影响，但也不能说，这个就是引发事情的因素。比如说化学反应，有两个东西放在一起，干燥的时候不反应，但放一点水它们就爆炸了。有可能美国就是那个催化的因素。我同意你提出的那个可能性，当然是可能的，可能性多大也可以看。越南和中国也可能有冲突，问题是怎么管理，不让问题扩大化。如果越南和中国发生碰撞，美国怎么办，要不要介入？越南不是美国的同盟和好朋友，最近两三年逐渐开始接触对话，关系不是特别好。所以说在这种情况下，美国是什么样的角色还不知道。

【王文】关于代理人战争和危机管理，戴旭先生怎么看？

【戴旭】关于代理人战争，我的理解是，美国的代理人和中国的战争。中国没有代理人。美国战略重心东移以后，这几个配合美国最积极的国家，具体讲是日本、越南、菲律宾，可以称为是美国的代理人，中国则没有代理人。这种情况下的危机管理，实际上还是取决于美国的态度。这些国家利用和美国的同盟，为了自身利益向中国挑衅，这是给美国制造难题。中国的态度很简单，你挑衅我就打你。这个难题就给了美国。美国怎么办？有两个选择：一是支持他们，与中国为敌，这样，中美就会开始对抗，这毫无疑问是个世界性的问题；二是美国不动，其对同盟的信誉会丧失。所以一旦发生美国代理人与中国的战争，难题是美国的。中国依据美国代理人的意图和性质，再判断美国的意图和性质，然后会采取行动。如果我们判断清楚美国并没有与我为敌的意图，那主要看其代理人走多远。因此危机管理不是等到冲突爆发以后再管理，而应从今天开始，这样，中美才有管理的可能。战争一起，已经没有管理的可能了。问题的性质就变了。

【马伟宁】我个人认为，两个国家都认识到了这个问题。所以我们允许这种军事交流关系。一旦情况有变，第一个被破坏的就是我们的军事关系和交流。如果我们在管理上都有共识，我个人认为，中美军事交流是最重要的，加强彼此沟通，否则很容易发生中美之间的军事冲突。

【戴旭】抗美援朝战争就是因为中美之间没有对话机制造成的。外交应该是军事对话的辅助工具，任何时候，军事交流都不该停止，越是紧张的时候越不该停止，以防止循环性的误判。今天谈出一个非常重要的问题，刚才我提出，对危机的管理要在危机爆发之前。但美国的一些做法加剧了中国的疑惑，导致局势恶化，是什么呢？就是美国的军事动作往往走在中美军事交流之前。中美军事交流和对话停留在一个象征性的礼仪性水平上。但美国在对其代理人国家的支持动作上，对中国是单向封闭的。比如，美军核潜艇进驻苏比克是不通报中国的，到日本的军事演习也是，也不邀请中国作为观察员去参加。这个时候说与我对话，我就认为你是忽悠我。中国会认为，中美之间对话的东西很少，层次很低。你对盟国是真诚的，但对中国是不真诚的。这样彼此防范下的军事交流效果是很有限的，流于形式。

【王文】刚才戴旭先生有句话让我很震撼，也让我觉得很感动。就是"你我都是军人，可以预期，如果中国决定对日本或越南或菲律宾采取军事行动的话，我们一定是做好与美国全面对决的准备的"。但对美国来说，不知道美国有没有准备？因为有了准备才会去设计。但我现在感觉，美国好像觉得无所谓，我就这么做了又怎么样？在缅甸，我就这么做了，中国又能怎么样？

【戴旭】实际上美国就是这样，很随意。朝鲜战争时美国政府和麦克阿瑟之间的沟通也是很随意的，绝对不像我们国家的军方和政治领导人一样沟通。杜鲁门和麦克阿瑟之间是相互蔑视，杜鲁门对麦克阿瑟的影响很小，麦克阿瑟一意孤行，刚愎自用。中国理解麦克阿瑟就是代表美国。

【王文】所以，我不知道我这样的想法对不对。我想问的问题是，美国到底是怎么看中国的？当然其官方表态是非常重视中国。但这是一种什么样的重视，重视程度又如何？我很想听听伟宁先生的想法。

【马伟宁】这个难度很大。因为有很多人怀疑中国，第一，不知道中国的目标；第二，就是一种零和思维。美国有一批人是有这样的想法的。毕竟美国力量在全球的比例是下降的。这批人对我们美国国内的文化有不小的影响。所以你问我，美国对中国是什么样的看法，这很难去说明。我个人认为，他们不了解中国。他们的想法是，中国的发达，或其他国家、其他地区的发达就是对美国的损害。比如说，如果亚洲地区发展了，就要影响美国的力量和地位，所以不想让他们超过美国。20世纪80年代我们也担心日本要超过我们。这些人认为，不管是中国还是别的国家和地区，发展了就是对美国的损害。但还有另外一些人，他们不知道中国要干什么，他们可能有一点乐观。特别是1989年，虽然80年代的中美关系比较好，但“六四”事件发生了，很多人担心中国会不会再发生这种事。我个人认为不会，中国社会这些年改变了太多，这种事不会再发生。但是还有人在中间，没有全盘判断中国的未来怎么样。还有另外一派，比较了解中国，相信中国说的话就是所做的。两个国家必然要有一定的利益碰撞，但不需要军事冲突。他们认为，中国的发达不影响美国的发达，不影响美国的未来，甚至对美国的未来还有好处。这几类人在美国都存在，如果我问中国人对美国什么看法，有些人就认为，美国基本上是比较好的，尤其是“二战”以后，不让日本做坏的事情。有些人比较讨厌美国，什么帝国主义啊、霸权主义啊，等等。还有中间的人，我估计，对美国的态度也不明显。

【**王文**】我要插一句，当然中美都是人口大国，有多元化的想法。无论中国人是把美国当成帝国主义，还是当成天堂，中国官方对美国的定位实际上是明确的，这么多年来，包括江泽民的“十六字方针”、包括军方，对美国的态度都是明确的。但我认为美国对中国的定位，是模糊的、是摇摆的、不清晰的。不知道你怎么看？

【**马伟宁**】这是因为我们政治系统不同。中国是比较稳定的，领导人可以维持他们的立场，不随意改变。美国的政策也不随意改变，虽然有时乐观有时悲观、有时好听有时不好听，但基本政策没有改变。因为我们是民主主义，左派和右派、现实主义和理想主义，都存在。中国不是一直在换政府和官员，比较容易维持一系列政策和想法的延续性。民主主义不是这样的。从尼克松以后，我们的基本政策未变。但是判断都会受到各届政府和领导人的影响。

南海问题与中美关系

【王文】现在我们再回到具体问题上。现在中美之间有三大潜在危机，分别是钓鱼岛问题、南海问题和朝鲜问题。关于钓鱼岛问题，我们这两天已经多次涉及，现在重点讨论一下南海问题和朝鲜问题。下面先讨论南海问题目前该怎么解决。

【戴旭】我的判断是，随着钓鱼岛问题的紧张加剧，南海问题的紧张加剧也即将开始。因为之前日本、菲律宾、越南之间的互动已经进行了很长时间，并且他们之间的互动也是有一种秘密共识的。连锁起伏，互相呼应。当年南海问题起来的时候，日本这边就跟着起来了，现在东海危机已经升级到非常高的程度，南海那边也会升级，因此中国应该有所准备，准备南海和东海之间的互动。至于怎么解决，我觉得也还是有两种方式：一个是政治解决，东海危机起来的时候，我们在东海和日本谈判，在南海那边跟菲律宾、越南谈判；另一个是军事解决，如果东海这边发生军事冲突，已经上升到军事层面，南海问题也会上升到军事层面。问题就成了一场战役，变得非常简单，无外乎就是集中精力打主要敌人，但是这三个敌人加起来对中国来说都不是什么像样的敌人，也可以一起打下去，这都没有关系，打一次是打，打两次也是打，反正都是一个难题，索性就一块儿开火，得罪美国也是一次得罪了。如果将来美国同意坐下来，解决也就一起都解决了，四方、多方都参加，那就不止东海问题了，索性召开一个一起解决东海、南海问题的多方会谈。就怕这边是军事问题、那边是政治问题，这边打着、那边谈着，对中国是个麻烦，如果同时都打，反而变得简单。总之，最难处理的就是不战不和的状态。

【**王文**】但是，实际上，关于南海问题的对话有很多，包括"10＋1"对话。

【**戴旭**】但是这种对话由于都是在纯外交层面上进行，都不是像我们这种务实的、真诚的态度，没有真心想解决问题的意愿，导致已经进行的对话事实上都没有进展，那么再进行下去，我们指望它能有什么进展？首先，这不在于各方的目标，在于各方有没有解决的意愿，想不想解决，想解决就可以解决，咱们就和平谈判。如果不想和平谈判，那就直接军事解决吧！这是想解决的两种方式嘛，但是现在实际上，谈一回不行再接着谈，都不想解决。

【**王文**】或者确切说一方的解决方案对方都接受不了。

【**戴旭**】对啊，对方都接受不了，但实际上就是一方没有向着解决的方向。比如说，假如中方真要想锁定这个地方，就要解决它，我跟你谈，谈不成不谈了，最后通牒，也是解决的一种方式。但这是极端的、过激的方式，中国并没有这样做，还没有用这种手段解决南海问题，下定最后解决南海问题的决心，因为目前我国的战略任务不是解决南海问题，也不是解决东海问题，更不是解决台海问题，是我们国家发展的问题，是“和平与稳定”的问题，这是我们的核心问题。假如我们现在不说和平与稳定了，集中全力解决我们周边的危机问题，这些问题反而都变简单了。

【王文】没错。伟宁先生，你怎么看南海问题？

【马伟宁】南海问题也影响了钓鱼岛问题，因为从美国来看，中国好像是不要美国介入。中国倾向于和南海各国分别解决问题，既不要多边会谈，也不要东盟。此外，关于“九段线”问题，如果中国能按照今天的法律、规定、国际关系、联合国的法律，解释清楚，就可以增加我们之间的了解。

【王文】但是，目前来看，对美国来说，一个基本问题是针对南海问题的对话，美国能不能介入、愿不愿意介入、可不可以介入、介入好不好？

【马伟宁】如果可以的话，我们完全愿意介入。但是外交方面，中国不要美国介入。所以，如果是措辞方面的问题，中国不要美国干涉，但是可以介入，那这个问题可以解决。但是按照我们的理解就是，中国不要美国做任何的事情。这是多数美国人的想法。

【王文】但是问题是，美国现在非常愿意介入南海问题的对话，南海问题跟钓鱼岛问题还有些不太一样，钓鱼岛问题是近两年才激发的，极需要美国介入；南海问题我们一直在解决，这个时候，中国好像也不太愿意美国介入。虽然，美国介入有助于解决钓鱼岛问题，但是美国介入南海问题，反而会更加复杂化。不知道戴旭先生怎么看？

【戴旭】伟宁先生刚刚讲的，确实存在一个问题，就是这个“九段线”，目前缺乏一个官方的、详细的说明。为了解决这个问题，我还专门召集过一个“九段线”的研讨会，里边有几个专家提得非常好，台湾人叫“U形线”，大陆叫“九段线”，反正就是那么一个形状。其中有专家就提出，“九段线”内的岛屿是中国的，国际航道则自由通行。每个岛周边十二海里是中国的领海，这个讲得是很清楚的，十二海里以外二百海里以内是我们专属经济区，任何船只都可以通行，和其他地方是一样的，这个解释应该说是最清楚的。关于“九段线”，最早是在1946年，当时中华民国从日本手中接收中国被占领土后画的，画的时候没有任何疑义，美国没有任何疑义，世界也没有任何疑义，没有疑义那就是承认。也可以说，这条线是被国际承认的，包括越南、菲律宾都承认，但是现在他们连这个线都不承认了，那就把基础推翻了。像日本今天在钓鱼岛问题上向中国挑衅，那就是不承认《波茨坦公告》啊，他是这样的。你想想，1946年画的线，为什么到现在才有争议，之前为什么不说？因为你之前承认，现在不承认了。你可以问，当时画这个线是什么意思？我可以给你解释，但你不能不承认这条线，不承认你就是在挑衅我，我们可以解释，这条线还是存在的，不能说这个线当年没有，现在你又画出来了。事实不是这样，当年就在，那这个问题很好解决，但这是一个学术问题，也是一个外交问题，外交把学术上的问题向美国、向世界公布一下就可以了，像钓鱼岛的领海基线一样，这个是可以做到的，操作起来不复杂，在我们研讨的基础上可以做一做。关键就是王文先生刚才说的那个话题非常有道理。钓鱼岛问题恐怕现在需要美国的介入，或是美国的调解，在那边主动地张罗，原因在于钓鱼岛问题与美国直接相关，它原来就是你们美国的靶场，又是你们与日本《对日和约》中留下的一个东西，始作俑者在美国，这是美国发挥作用的地方。但南海的确和美国没有关系。再加上目前的形势，钓鱼岛局势格外紧张、紧急，也重大。南海纵使出问题，也大不到哪里去。因为中日都是强国，而且在东海这个地方，中日这两个强国会把美国直接牵扯进来。南海是大国对小国、强国对弱国，美国不一定被牵扯进来。因此东海重、东海急，东海与美国有关系，美国应该介入，但南海未必。我觉得依据当前这个形势，美国可以先从东海开始，从钓鱼岛开始。如果进展顺利，中国也认为美国在钓鱼岛这个地方可以主持公道，我认为在南海问题上听一下美国的意见也没什么不可以。开放性地旁听嘛。这些都是建设性的，双方现在在态度上、在言辞上争来吵去，没有涉及实质性的时候已经弄得一塌糊涂，怎么可能再说其他的呢？所以我非常反感某些外交官，一天到晚磨嘴皮子，耽误了大量的时间，实际上没有真正的智慧来解决这些问题，谈了这么长时间，结果在哪里？效果在哪里？这种谈是没有意义的，越旷日持久越毫无意义，问题反而越来越恶化。

【王文】有没有这种可能，美国就是想把事情变得更坏，很多中国人都是这么想的。因为南海问题和美国是没关系的，和平解决了美国就介入不了，只有紧张了，大家才去求美国。

【马伟宁】我个人理解，我们的政策对怎么解决是无所谓的，只要是和平的、有贡献的，我们愿意参加。如果两边都不要，我们就不参加。因为我们不是一个共同体，没有国家利益在里面，只需要和平、公开、自由地通过这个地区。问题在这些小国家，如越南、菲律宾，这就是为什么我们经常去看这些问题，虽然在那边我们没有直接的核心的国家利益，但也会有影响，我们会考虑。如果说可以有贡献，但中国目前一直说不要我们介入，所以对我们来说很难解决这些问题。我个人认为有一个好办法，我们就说它们不是岛，是石头，因为按照海洋法，石头就没什么意义，这样问题就变得简单了，如果中国要这个石头，我个人持支持态度。如果这是个岛，岛就有意义，一国的利益就碰到另外国家的利益，这就变得更复杂了。我了解到大多数所谓的岛礁，不会有人住在那边，没有淡水，要从另外的国家或地区运送。我认为不算岛，就是石头，没什么意义的石头。

【王文】我很赞同你的说法，先是美国在这一问题上的定义，航行自由的问题。对此，我们从来没有否认过航行自由。

【马伟宁】有时候一样的字，却是不一样的含义。中国说“可以有自由”，我们说“要自由”，但是“自由”是有不同的定义的。

【戴旭】我认为南海的问题不在南海，像“几块石头”这种说法，只是我们目前可以看到的南海问题的一个外观，南海问题恐怕是美国对中国的一个大的战略企图下的具体问题。南海问题的出现，就是美国重返亚太以后，由那些小国挑起的，不是美国挑起的。你宣布了重返亚太，越南有意利用美国，突然抛出南海议题，菲律宾也在一些与南海问题无关的会议上干类似的事情，这都是因为美国抛出了“重返亚太”这个信号。希拉里还说了，美国要介入南海问题，这样一表态，这些小国就挑起了南海问题。

刚才我们说的都是具体层面，但是我不想谈具体层面，我认为具体层面非常简单，恰恰要回到战略层面上，回到中美之间这个问题上。南海问题的核心也还是中美问题，尽管中国不希望美国参与，但你现在在这个地方，如果没有美国因素，事实上南海问题是不存在的。所以要解决南海问题还是要回到中美关系，回到大格局来解决这个问题。美国在南海这个地方想达到什么目的，在我们搞战略研究的人看来，第一，刚才王文就说，美国的做法可能是出于恶意的，实际上，还真有合理性。美国有意把这个地方搞乱，因为美国重返亚太，这些小国需要外交联盟，如果这边一片太平，联盟怎么能够搞成呢？一乱了以后，小国自然投靠大国，这是一个战略技巧问题。这又暗合于正在发生的事实，美国进来了，这个地方乱起来了，南海是中国的海上贸易和交通要道、生命线，但并不是美国的，所以这个地方乱，损害不到美国任何利益，但是对中国是至关重要的。所以那个地方不是争岛礁，石油也是一个次要因素，核心问题是那个地方是中国唯一的资源门户。巴基斯坦、缅甸也有类似功用，但现在没有现实紧迫性。南海是我们的唯一出口。争岛礁是控制这个出口的一个战略支点。

【王文】全球60%的贸易量是经过南海的。

【戴旭】中国的资源可能百分之八九十从南海走，既是中国的“咽喉”，也是日本的“咽喉”，这是问题的核心。中国要控制这个地方是因为它涉及中国的安全，但是日本认为损害了他的安全，问题在这里。所以，这个时候大家就要争了，中国说为什么钓鱼岛是我的，实际上看起来都是岛礁，我只有控制了岛礁才能控制通道，才有安全感、才有合法性，日本却不承认，这是当代世界上一个重大的国际难题。表面上看起来，是中国与南海小国之间的岛礁之争，战略上是中、美、日三方的政治博弈，是一个大的战略难题，这是一个问题的两个层面，难以解决就在这里。中国想得比较简单，因为历史上这个地方确实属于中国，但是我认为中国也考虑到了第二个因素，在美国、日本也一样，日本什么时候承认过中国的历史权利？什么东西我想拿了我就给你拿了，日本永远不会赞成中国的态度，但是日本他不便走上前台，他一直都没有动，美国这时候就出动了，美国更加不承认历史合法的东西。所以，刚才马伟宁也说了，历史就是历史的，我说你不是你就不是，美国就是这样一种文化，这样一种性格，日本也是。因此，难题难在第二个层面，美国说如果你控制了海上的这样一种态势，从印度到越南这条线上，中国往这里一站，所谓的“第一岛链”实际上就被截断了，这个通道一被截住，所谓的美国对中国的种种遏制实际上就破了，这种格局就类似中国围棋上的打劫的那个子，谁都不能丢，你打掉了，好，过一会儿我再把你打掉，棋局不终结，劫争不停止。

【王文】没错，现在全球战略重点已经从大西洋到了太平洋，南海问题就会越来越升温，是一个“火药桶”。

【戴旭】有人说南海有可能成为第二个中东，我说，错，南海本身不会成为第二个中东。但乱起来的话，南海就有可能成为第二个中东。中东是很乱的，中东的乱是因为石油，石油后面是大国力量的介入。中东地区的国家打成一团，就是因为石油，但石油后面有政治，政治后面有大国，大国之间有博弈。因此中东乱了。南海正在加速走向这一步，南海的石油开采程度没达到中东的程度时，它的混乱就已经超过了中东。南海问题的关键是中美，跟日本没有关系，如果中美解决好了，南海问题就能解决，如果中美解决不好，南海问题也解决不了。更值得警惕的是，其他大国都介入了，俄罗斯、印度也介入了，但这些国家都在后面，如果中美不提前解决这个地方，这个地方会变成第二个中东乱局。

【王文】所以，我想到一点，就是刚才伟宁先生表达的意见也是非常清晰的，美国认为无所谓，需要我就来，不需要我就不来，但是外交官又不听他说的话，这释放了很大的信号。所以问题是，目前中美之间能不能达成一个比较大的共识。中国认为南海就是我的势力范围，像加勒比海是美国的势力范围一样，对吧，你别来了。美国说，你别到加勒比海开发能源，你来了，美国怎么想？

【戴旭】我认为，如果美国放任，中国拖延，那最后的结果就是中东乱局。所以我个人强烈主张采用“里海方式”，就是像俄罗斯当年一样断然出手。当年俄罗斯断然出手就制止了格鲁吉亚的骚乱行动，保证了里海能源产油区的平静，虽然也引起了俄罗斯与美国的全球对抗架势，但是它平静下来了，这是我个人的一贯主张。在美国和中国长期不能达成共识，局势越来越恶化的情况下，我极力主张，中国在努力争取美国理解的前提下，要断然肩负起维护南海和平的责任，包括采取军事手段，让这个地区平息下来。所以我前面说了好几个前提，努力争取美国的理解。在美国一直放任不介入，中国又不能长期放任拖下去的情况下，我们绝不接受这个地方成为中东乱局。它会毁了中国的前途。你把我们的海上通道断绝了，我们就没有前途了。我宁可把它打乱、把它消掉，你美国也会这样做。总之，南海跟美国没有关系，但对中国却是生死攸关。东海在具体层面上跟美国有关系。

【王文】所以，我下一个问题问伟宁先生，中国有没有可能获得美国的理解？就是说这个事情美国不要管了，菲律宾、越南都别介入了，都别说话了，正如在加勒比海不让中国说话是一样的。通过什么方式，美国能够答应？

【马伟宁】这点我不同意。我不同意你说美国在这里是唯一的因素，这个问题是不管美国在不在都还是存在的，这都是已经存在的一些问题，我们说不说都是还存在的，而且我认为中国也有一定的责任，比如中国建立三沙市，这些都是一步步的，我不是说不对，但是跟以前不一样，所以中国也有一定的责任。我个人估计，中国怕如果自己没有反应，他们得寸进尺就会更严重了，但是有可能中国不动他们就不动。

【王文】中国做不到，中国是大国，他不能说你"海洋法"已经通过了，我们不设立三沙市，这是不可能的，越南通过"海洋法"，我什么都不做，那中国做不到这一点。现在戴旭的逻辑是说因为美国很想释放一些信号、释放一些外交话语，这些外交话语会触动、鼓励这些小国做一些事情。现在中国要和美国说，你们不要说话了，这个问题会简单解决。有没有可能是这样？

【马伟宁】这点我不同意。我们说话会给他们一些鼓励，不是我们的目标，但我不否认有可能是这个效果。但是不管我们说不说，这个问题还是存在，因为你刚刚说了石油等，所以，如果我们不说，我不同意你说的会更简单地解决，那些小国还是会有问题，所以，我不同意。

【王文】我明白你的意思，美国就是不可能在这个问题上不说话。

【马伟宁】如果有帮助的话，我们可以不说话。但是，我们不说话，这个问题还是存在。

【王文】所以这就是根本的分歧，中国认为，美国不说话肯定有助于问题的解决，至于怎么解决那是中国和南海国家自己的事。美国认为，我说不说话，都有问题，所以你别怪我。

朝鲜问题因为美国变成国际问题

【王文】好，南海问题我们谈得比较透了，接下来的问题就是朝鲜问题。朝鲜问题也是一个很头疼的问题，随着美国回归亚太以后，你们认为朝鲜问题的实质是什么？

【马伟宁】我认为，朝鲜问题跟我们重返亚太没什么关系，因为朝鲜问题一直存在，有它自己发展的线索。而且，我们很多美国人认为中国在朝鲜问题上有很大的影响，不能说是控制，但是有很大影响。当然，我们也不要错误地认为中国的影响多大，在一方面是有一定的影响，但是另一方面不是你说停就停的，不是这样的情况。我们的判断是虽然中国现在不太喜欢朝鲜的状态，但中国要的是稳定，不管现在他们的立场、做法是怎样的，只要稳定就可以了。这是我们的判断。虽然中国说不要发火箭、不要有核武器，我们的分析就是中国不要，不是迫使我们也不要他们做，但是他们做了这些事以后，中国的反应就是不说话，所以有人就批评中国，认为是中国站在朝鲜后面。"六方会谈"本应是一个好的办法，却没什么效果。

【王文】你这个说法跟美国一直以来的表态很不一样，我的理解是，在美国国务院看来，第一，必须要禁止朝鲜拥有核武器；第二，朝鲜必须要解决他的人权等各方面的问题；第三，朝鲜要改变他的政权，这是美国的表态。正因为这样，导致了朝鲜的反扑、强硬，问题还在于美国对朝鲜制裁，也不是你刚才讲的不是美国的问题，是朝鲜自己的问题，不知道我这样理解对不对？

【戴旭】朝鲜问题变成一个国际问题，也是因为美国。是“二战”结束以后，你们美国的一个军官画的一道线，北部由苏联受降，南部由美国受降，朝鲜就变成了两个国家，问题是从这个时候开始的。“二战”以后，美国无论如何也没有想到会在这个地方卷入一场战争，所以，在此，我相信美国的无辜。从六十年前美国卷入战争以后，朝鲜半岛和美国、中国可以说是唇亡齿寒，美国也脱不开，美国军队一直驻扎在韩国，也走不了。事实上，这个地方已经变成了中美之间的一个问题。今天我们把焦点都集中在朝鲜身上，实际上，大家也都认为这个地方有问题，问题在哪里？美国把责任推到中国身上，说中国不管朝鲜，中国又向美国解释我没有这么大的权力，都没有找到问题的根源。问题的根源在哪里？问题的根源在于朝鲜对自身安全的担忧，特别是从中国改革开放、冷战结束以后，原来朝鲜赖以依靠的安全保障——苏联不存在了，这是之一。中国改变了自己的政策，与韩国建交，朝鲜更加有了孤立感。美国与韩国之间是盟国，给韩国提供核保护，韩国的安全是有保障的，朝鲜谁给他提供保护？俄罗斯不会，中国不会，美国更不会，他自身力量又弱小。这是问题的总根源。

朝鲜发展核武器就是从中韩建交以后开始的，他认为如果你中韩不建交，他还有中国可以依靠，现在中韩也建交了，和美国关系又搞得这么好，中朝关系开始出现裂痕也是这几年出现的。20世纪90年代朝鲜开始研发核武器时谁也没有在意。邓小平南方视察，股票刚进入中国，举国上下经济热。当中国忙于股票、忙于房地产、忙于经济的时候，美国忙于在世界上大打出手。美国也没有管朝鲜。这个时候，朝鲜开始搞核武器。问题开始一步步生长，现在十几年过去了，突然出现问题了。当年，这个“肿瘤”在生长的时候，没有人去管它，现在“肿瘤”这么大了，导弹也打到天上去了，问题出来了。中美这个时候开始互相埋怨了，都没有找到病根儿。朝鲜对安全的关切谁来给他解决，美国在这个地方对他进行经济制裁，中国给他经济援助。你们的制裁当然是朝鲜不需要的，中国的援助也不是朝鲜第一需要的，他第一需要的是安全。大国要理解小国最基本的难题，所以说朝鲜反复提出要实现和美国关系的正常化，原因就是他要获得安全保障。你美国不给他，中国也没有把像“核保障”这样的安全给他，也没有公开承诺朝鲜的核安全由中国来提供，我认为这是朝鲜发展核武器的一个最正当理由。他一发展，美国说，你不能有核武器；朝鲜就会说，我要核武器是为了安全。假如说这个时候我提出一个建议，联合国常任理事国联合为朝鲜提供安全保障，特别是核安全保障，那么在这个时候，我们再提出朝鲜放弃核武器，世界向他伸出友谊帮助之手就有可能成功。但是，“六方会谈”总拣一些没用的话题讨论，你让朝鲜放弃核武器，又不给他安全保障，等于要朝鲜的命，怎么可能谈下去呢？六十方会谈也谈不出结果！美国给一个轻水核电站也是没用！只有两样东西可以保障朝鲜的安全：第一，核武器；第二，联合国安理会的安全保障。所以我们不能把朝鲜妖魔化，看成妖怪，中国社会有各种多元化的看法，你们更是了，我觉得我们看待国际问题要公正，要有意识形态化。我们要理解到这一点，假如说，我们现在作为联合国的常任理事国、核大国，共同给朝鲜提供安全保障，以换取朝鲜不再扰乱地区和平。我相信朝鲜也是愿意发展经济的，他也没必要把钱花在这方面。为什么发展“先军政治”，都是本能的反应，这种不安全压得他行为失常、言语变态，说话都和别人不一样，朝鲜这个国家的外交跟别国也不同，人在极度安全恐惧当中，你不能指望他像正常人一样跟你对话。

【王文】伟宁先生觉得呢？为什么美国、韩国与日本老是围着朝鲜搞军演，而且美国无数的报告都在说制裁，还有朝鲜的政权垮台后美国要怎么怎么样？

【马伟宁】对，这是我们担心他们，因为他们威胁韩国。

【王文】朝鲜不可能在威胁韩国啊。

【马伟宁】他们就是在威胁韩国，他们入侵韩国好几次，炮击韩国的岛、韩国的船，好几次。

【戴旭】这里面存在误判，我们的对话中反复出现误判，朝鲜认为美国、韩国、日本威胁了自己，韩国认为朝鲜威胁了自己，你打了我的延坪岛、你打了我的“天安号”军舰，这又是一个误判。我觉得朝韩双方我们先不提，我们来谈中美。到底现在谁威胁了朝鲜？这个问题你要把它推出答案，朝鲜问题就解决了。现在中国肯定不会威胁朝鲜，日本也威胁不了，俄罗斯也不能，那只有美国和韩国。韩国没那能力，我相信韩国也没有那个意愿。

【马伟宁】美国也没有。

【王文】所以我就问你，美国能不能在外交表态上有一些新的调整，我们也不寻求朝鲜政权的更替，对于军事政权、人权等我们采取不干涉态度。

【马伟宁】我们不能忘记历史，因为朝鲜总是违反国际法，我们不是说他们不能买武器，只是应该公开，让全世界都知道。要是他们放弃核武器，我们丝毫不会威胁他们。

【戴旭】如果美国坚定地表达美国一点都没有威胁朝鲜的意思，那这个问题就变得非常简单。现在朝鲜反复提出，为什么不能把停战协定废止？现在是停战协定而不是终止协议，包括建交，包括关系正常化。

【马伟宁】他们不愿意。

【王文】是朝鲜不愿意还是美国不愿意？是美国设立了建交的条件朝鲜不愿意还是朝鲜本身就不愿意？这是一个问题。

【戴旭】我一直认为，朝鲜一直在要求和美国的关系正常化，到底谁不愿意？

【王文】再问伟宁先生几个问题，当年尼克松访问中国的时候，他是无条件访问的，基辛格过来没有说你中国要放弃核武器，然后要求中国怎么样，要改变政权，等等。基辛格秘密访问中国，然后尼克松再访问，没设立任何条件。现在呢，你美国对于美朝建交实际上是有条件的。美国有没有可能放弃这个条件？毕竟，美国是大国，你跟小国去较什么劲儿呢？有没有可能实现美国总统访问朝鲜，或者国务卿秘密访问，就像1972年那种可能性？

【马伟宁】中美可以互信，我们可达成一个协议，双方从来没有违反这个协议。但是我们和朝鲜的第一次协议，就被朝鲜违反了。朝鲜说，放弃核武器你们就给我一些能源、石油或者食品等，给我们点我们就放弃它，然后，我们说好，但他们秘密地还在做，还向外扩散核技术，所以，我们不能信任朝鲜。

【戴旭】如果五个核大国不能给朝鲜保障，那么中国给朝鲜提供核保护，美国能不能理解?

【马伟宁】如果中国说要给他这个保证，条件就是朝鲜必须放弃核武器。

【戴旭】可以。由我们中国去谈，朝鲜的核安全由中国来提供，核材料、核导弹由中国高价收购，朝鲜集中精力发展经济，其他事不用朝鲜担心。

【王文】这个中国做不到的，为什么做不到? 韩国和日本也不会答应的。

【戴旭】这才要美国去做工作嘛。

【王文】问题又跑回美国了，美国有没有可能去做这个工作?

【戴旭】有没有可能让他们同意，由中国负责解决朝鲜的核武器、弹道导弹问题，美国负责解决相关国家的态度问题，这才是务实性的推动。

【马伟宁】我个人认为是可以的。

【王文】这个太复杂了，相互信任如果真的到那步，也不至于最近搞得这么紧张了。

【马伟宁】我个人认为，可以谈一谈。

【王文】你认为朝鲜的想法是怎样呢?

【马伟宁】他们是不想要中国去提供这个保证，而是要……

【王文】独立自主。

【马伟宁】对，就是完全去实现这一点。朝鲜政权不是为了他的国家，是为了他自己的权力，不是为他们的老百姓、他们的国家，他们无所谓。

【王文】所有的现实都是由历史建构出来的，他们之所以走到这一步，当然也不能完全说为朝鲜去辩护什么，我们还是站在社会公正、国际公正、安全和平的角度来考虑这个问题。我个人感觉就是中国的一句古话,“解铃还须系铃人”。朝鲜是冷战的最后一块遗产，美国又是超级大国，关键还在美国能否往前再走一步。伟宁先生认为美国做什么会有助于朝鲜问题的解决?

【马伟宁】我想不到。没有什么未来，美国最多给朝鲜一些能源，但朝鲜不能发展核武器。

【王文】朝鲜要的不是能源，是安全。美国有没有可能给他安全保证?还是必须有前提才能保证?

【马伟宁】当然要有前提。

【王文】但是1972年的时候就没有列前提。

【马伟宁】因为我们可以相信中国，中国没有违反任何的协议。但朝鲜违反了承诺，所以我们就不能相信他们，就是要有前提。

新空间·新战略·新关系

【王文】好，朝鲜问题就谈到这里。钓鱼岛、南海、朝鲜问题，都是传统性安全问题。但现在出现了新安全问题。尤其是新空间安全问题。如外太空、赛博空间。

【戴旭】新空间就是人类新的生存、活动空间。

【王文】对，传统的陆、海、空早就有了嘛，现在人类开拓了新的空间，这是人类技术进步的一个必然。技术给人类插上一对新翅膀，除传统的陆海空之外又拓展了新领域。鉴于历史的教训，新的人类的生存和发展空间就是未来的战争空间。人类不能征服海洋的时候，战争就在陆地上进行。能在海上行动后就有了海战。当人类征服了天空，有了飞机，又发生了空战。现在人类走向了太空，"太空战"的概念至少已经出来了，甚至美国还设立了太空司令部。接着又有了网络空间，美国还成立了网络司令部和网络战部队。就是说人类走到哪里，战争就跟进到哪里，这是第一个大问题。我们希望它不变为战争空间，也只是一种希望，它必然还会走向战争空间，这非常不幸而又无奈。只要人类到了某个地方，就有利益争夺，就会将最新的技术手段用于战争。就像当年飞机出来以后，欧洲和美国希望飞机只用来搞体育竞赛，但仅仅几年之后空战就打响了。就是恩格斯讲的话，一项新技术一定最先用于军事领域。战争就是一个魔鬼，它就是一个影子，人过去了，影子就过去了，当然人类还没有进化到可以切掉影子的程度。在这个进化没有完成的时候，我们说新的领域就有新的形态的战争。下面我先谈网络战，伟宁先生认为中美之间打网络战的可能性有多大？

【马伟宁】第一个问题就是“网络战”到底是什么意思，因为有各种各样的意思。然后“攻击”到底是什么意思。对此，我们美国还没有完全想好，因为我们不了解这个领域在哪儿，到底是什么，最后的结果是什么。

【戴旭】但是你们已经有很多本书在谈论这些问题了。

【王文】互联网就是你们国防部发明的。

【马伟宁】你知道传统形态的战争会爆发在哪里，却不知道网络攻击从哪里来，伊朗核电站……

【王文】伊朗“震网”病毒那件事不就是你们网络战的成果吗？

【马伟宁】我不承认这一点。但是我要说的是，网络攻击很难控制。我们不知道来源是什么，目标是什么，攻击的发起者是谁，是政府或者是一个人或者是一个恐怖分子？网络战是什么，有没有媒体战？

【王文】已经开始了，我是站在最前排的士兵，我一直认为我在中美的媒体战、舆论战中就是一个士兵，网络这一块我还是有研究的，10月份我还去哈佛大学做了一个三个小时的演讲，讲的就是2009年的伊朗网络攻击事件。很多人都来听我的演讲，他们很关心这个问题。虽然美国一直不承认是美国打的伊朗，但很多专家都认为是这样。

【戴旭】那次网络攻击推迟了伊朗的核计划，好像是美国和以色列联手干的。

【王文】但美国不承认，一直不承认。网络战的特点就是那样，不知道“扣动扳机之手”在哪里。现在，很多中国人认为中美之间的网络战天天都在进行。这就有一个狭义的“网络战”概念和一个广义的“网络战”概念。狭义的网络战指中美之间两个网络司令部相互之间进行的战斗，现在肯定没有发生。广义的网络战则已经发生。中国的微博、互联网里面大量充斥着莫名其妙、来源不明的信息，当然这个进攻方不一定是美国政府，但是，很多所谓的“服务攻击”“病毒”，包括还有信息的散布，确实都来自美国本土。所以这个时候大家就认为，美国的对华网络战其实已经开始了，而且天天都在进行。

网络战在这里不是一场战争，是另外一种东西，到底是什么，我还不知道，但不是一场战争。如果我们按照战争的思想来谈，就会被误导，就被拉到这条路上。但是我个人认为不应该这样。媒体喜欢随便用这个词，但我不主张这样看问题。戴先生，你怎么看？

【戴旭】刚才伟宁先生讲的内容，好像跟美军的一些行为对不上。美国成立了网络战司令部，至少在军事层面上已经做好了狭义网络战的准备，尽管现在也讲不清网络战的样子是什么，因为它是一个崭新的领域、崭新的技术手段和崭新的战术手段，都在想象当中，真正的成熟要通过一场战争之后。目前，发生的都是零星的小事件，还没有发展成为一场大规模的网络战争。但是你刚才讲的内容，从另外一个层面印证了网络战的不确定性。在文化层面上，在信息交流层面上，在舆论层面上，在我们的生活当中，网络冲突确实天天在进行。就像经济战、金融战每天在进行。实际上人类已经进入信息化时代了，网络是信息化时代的一个技术命名，它依然是信息战的一个部分。

【马伟宁】我个人认为信息战、经济战不存在，都不是战争。

【王文】那是什么呢?

【马伟宁】我不知道，是另外一个东西。

【戴旭】广义上的网络战，伟宁先生可以不认可，但是从狭义上，从军事领域这个角度就非常好界定。战争不能离开计算机和网络，我现在通过操纵计算机把你的网络给切断了，它就是网络战。通过网络发起攻击，进行攻防，依然是传统攻防以一种新的技术手段，在一种新领域的应用而已。

【王文】我近两三年来持的观点就是，随着互联网2.0时代的出现，网络已不再是虚拟空间了，网络已经变成真实空间了，我们在网络里面存钱、交易，每个ID后面都是真实的人，我骂你、赞扬你都是真实存在的。

【戴旭】你说得非常对。而且还有另外一面，当网络越来越真实的时候，人反而越来越虚拟，你拥有多重身份，你既是媒体人又是战士，这个时候人和网络融为一体，这是信息化时代的一个特征，就是技术对人类的异化。现在，假如说我们不带手机、不用电脑，就会六神无主。

【王文】举个简单的例子，我们现在越来越多地依靠电脑，你没有

E-mail不行、你没有手机不行、你没有电子账户不行、你没有在网络商城里面购物也不行。衣、食、住、行全部依靠于网络，当发生网络战的时候我把它全给你摧毁掉，我在网络上这个真实的人物已经没有了，那我现实的存在也已经死亡百分之八十了，我就是这个意思。

【**马伟宁**】这个算不算“战”?

【**王文**】这个当然算“战”了，你摧毁了我生活的大部分内容了，在国家意义上也是这样的。

【**戴旭**】这个“战”已经上升到人类范围，超越了传统战争的概念，也超越了传统的陆、海、空空间限制。

【**王文**】我觉得刚才戴旭先生讲的又升华了，战争主体是国家和国家之间，现在可能是人和人之间嘛。

【**戴旭**】超越了国家界限、民族界限，心理界限都突破了，所以这个很危险。

【**马伟宁**】不是说不存在，我是说“战”这个字怎么界定。

【**王文**】无法形容这个字，它是“仗”，但是“仗”不足以形容这种方式。其实我倒认为，互联网问题相比真实空间内的利益纠葛，反而更加把中美之间的利益变成不是零和的，变成更加一致的了。

【**戴旭**】这个很重要，可能是继恐怖主义之后双方的一个合作点。

【**王文**】对，是双方的一个合作点，所以我想请两位回答的就是，怎么来看待互联网上的合作，并以此合作促进双方的共同利益。

【马伟宁】网络是一种高科技，在操作层面会非常复杂。如何开展合作，需要专业人士研究，否则可能根本不具备可行性。

【王文】戴先生有什么问题?

【戴旭】网络作为一个新的技术形态领域，它是人类进步的自然过程，是必然要到来的，相关技术还在不断地发展，包括这个云计算。

【王文】现在进入大数据时代了。

【戴旭】这个时候我们已经无法再用传统战争来界定它了。我们现在能做的就是怀着对未来的恐惧，小心翼翼地试图认清它，在认清它之前不要轻易地启动它。我建议美国作为全世界最先成立网络战司令部的国家，你们有义务也有责任不要轻易启动这个“魔鬼”，因为这个“魔鬼”可能伤别人，也有可能让你们同归于尽，这是完全可能的。因为网络既不是单向的也不是双向的，而是多向的，是立体的、网状的。在这样的时代，我赞同王文先生刚才的建议，中美应该放弃“战”的概念。当原子弹出现的时候，人类放弃了“全面战争”的概念，现在又出现了一个超越原子弹的东西，对不对？要是没有核武器，朝鲜战争的规模就会和第二次世界大战差不多。但是，一旦有了核武器，大机械化兵团就很难集中了，这是原子弹的作用。大家都知道战争打到最后会用原子弹，一想算了吧，别打了。接着，局部战争就出来了，这是原子弹对人类战争野心的一个遏制，虽然很多人把原子弹描述成魔鬼，但我认为它是人类的救星。战后六十年的大国和平主要是核武器在保护。

【王文】你这个言论很残酷，但又很真实。符合道理，又很有逻辑。以后我们要怀着对超过核武器百倍威力的敬畏看待新技术，面对“云”对“云”我们就不要以战对战了，不要再打了，这个时候只有合作才能破解这个困境，我认为，当人类进入云时代以后，对世界负有责任的大国应该坐下来探讨彻底消除战争意识的问题。当核武器出来的时候你看美苏不也坐在一起了吗？大家都坐在一起了，放在仓库的东西都是没有用的，政治家都非常清楚，你美国再多，我们再少，大家非常清楚，都没有用。你家有一百把刀，我有一把刀，性质一模一样，这个道理不用讲。

更深层地讲，人类还是一个年轻的物种，从他作为人存在不过一百多万年，文明历史不过几千年，和四十亿年的地球相比简直就是刚开始。我们今天用两千多年的眼光看两千多年的战争，觉得很幼稚，很可笑。干吗每天要打来打去的，人自从被地球被宇宙创造出来，他的第一指向或者永恒的指向就是生存，中国叫“好生恶死”，可是呢，一直绵延于人类之间的就是战争，是杀戮，这是人类自身的一个矛盾。我把它理解为人类进化的一个纠结、一个痛苦，它在这个被动当中会逐渐地进化出来。刚才讲核武器是人类的救星，正是因为核武器救了人类，那么人类又被迫有了六十多年的和平，向新的方向迈进，他不小心又走到一个战争的关口上了。好在每一个新的技术出现，都是对人类战争野心的一次极大的遏制，而不是极大的怂恿。你美国后来有了这么多的新技术，你实际上杀人越来越少了，伤亡实际上也越来越小了，这都是要拜高新技术所赐。随着技术越来越高，你可能最后连一个人都不杀，你不过就是实行自己的意志，你通过一个键盘、点一个按钮就能实现，我要你的钱，我点一下你的钱就过来了，不用打仗。所以到了这个时候，也许大家觉得战争是很无聊的，是没必要的，关键就是说，这是从战争走向了反战争的悖论。“战争”这两个字可能后来从人类词典中消失了。

【**戴旭**】就是这样。你想想，核武器为什么会让人类放弃了大规模战争的野心？你在消灭对方的时候你的目的也消失了，那战争还有什么意义？就是核武器让大规模战争变得无聊，变得没有意义，因此大家不打了。在云时代，小规模战争都变得无聊和没有意义的时候，你还打吗？人类是理性的，人之所以可以超越自己，就因为人有理性。战争不断地给人类发展设了难题，迫使人类超越，迫使人类进化，向着消灭战争的方向前进，这就是新技术给人类带来的福音，因此我高声赞美核武器，它是人类的救星，事实就是如此。随着技术的进步，美国和其他大国掌控战争威胁的能力越来越强。

【**王文**】我补充一点，在信息化时代，美国的实力其实是变弱了。

【**戴旭**】不错，随着难以预料的新技术的出现，趋势是如此，不要说是美国，任何一个国家对于用新技术手段发动战争的能力都是越来越弱的，直到最后你无能为力，被迫无法进行战争。

【**王文**】所以这个时候大国之间需要合作。

【**戴旭**】只能合作，没有别的方法。

【**王文**】在互联网面前，大国都变成了弱者。

【**戴旭**】面对这样的技术，我们现在没有办法。整个人类面对茫茫的宇宙，会感到非常的孤独。我们就像宇宙当中的一只球，不论走到哪里，我们都面对无穷的未来，面对无限的新事物。对新事物，人们不了解的话，首先感到的是恐惧，恐惧会促成人的合作、人的团结，我觉得这一天很快就会到来。人类会面对未来的共同恐惧。

当年美国面对的恐惧只是自己的恐惧，恐怖主义是很多国家的恐惧，但是未来我们碰到的是一个新的技术恐怖主义，这个技术恐怖主义已经不能用传统的恐怖主义概念来套了，当整个人类都对未来的技术发展感到恐惧的时候，2001年那样的合作就会再次出现，这是必然的。这个合作会引领人类再进一步地进化。未来会发展到什么程度，绝对超出我们今天的想象，但有一点今天看到了，那就是消除战争的大趋势，等你没法驾驭战争的时候你就不会要战争了。

【王文】对，网络实际上让一切更平等了。而且现在还有一个问题是，这两年出现了网络国家，很多人已经超越国家范畴了。互联网国家可能远比美国更强大。

【戴旭】原来的技术发展是线性的、阶梯性的，非常慢，一个阶段一个阶段。到了信息化时代，变化是急剧的、是爆炸性的。这是两种完全不同的发展方式。人能驾驭行进，但不能驾驭爆炸。比如说汽车，可以驾驭着走，但如果它爆炸了，你怎么驾驭？今天就处在一个爆炸时代。

【王文】对，我觉得是这样的，我以前讲课也提过这个概念。旧媒体时代出现很多报纸、杂志。后来，互联网技术出现了，什么雅虎啊，新浪啊，信息变得海量。但是海也还是有限的。现在进入信息2.0时代，当每一个人都能发布信息的时候，这个信息变成了宇宙级的、无限的。你刚才用的“恐惧”这个词特别好，我觉得中美之间需要面临的是心怀恐惧之心。

【戴旭】美国是信息时代最发达的国家，可能会提前获得一些控制经验，但也可能首先成为受害者。

【王文】现在已经是受害者了，那个“维基解密”就是受害者嘛。

【戴旭】这个时候，你在哪个地方应用最多，你可能在哪个地方就损失也最多。这是一个哲学问题。希望美国的思想家、战略家们的思维能跟上未来人类发展的潮流。

未来5～10年，中美关系会如何？

【王文】我们这次的对话终于要进入尾声了。刚刚关于互联网的讨论其实已经上升到了哲学层次。

【戴旭】中美之间的对话就应该到这种程度。

【王文】所以我强烈建议大家在此基础上，再畅想一下未来。畅想太远没什么意思，一百年、五十年都太远。我们就来畅想一下未来的十年、十五年，或最多二十年的发展吧。

【马伟宁】这个很难判断，因为未来的五年、十年会有很多的机会，就看我们两个国家愿意或者不愿意把握这个机会。因为在个别地方我们都有共同的利益，如果我们合作，两国都有好处。但是我们还是出了一些问题，除非我们解决这些问题，否则很难说我们未来的五年或者十年就是非常好的。好在最近几年我认为我们互相的认识和了解增加了，这就是一个好现象。我们在夏威夷的演习下一次就邀请中国。我是比较乐观的，但是不是盲目乐观。我认为我们好几个方面可以合作。20世纪50年代的时候，在朝鲜半岛，一个局部的、偶然的危机发生了，中美关系随之受到影响。但是在今天就很难再有这种事情发生。这就是一个比较好的时代。

【王文】你可以想象一下五年或者十年之内，中美之间的军事关系会有哪些积极变化吗？

【马伟宁】我认为我们现在的关系不是特别好，将来的趋势也是有好、有不好。2010年以前关系比较好，之后则在往下走，但我个人认为已经到谷底了。因为我们有各种共同的利益，我们可以举行多边演习。要增加我们的交流，尤其是中美军事对话。我个人认为，目前为止，中美之间还没有什么有效的成果。我们两国都有一定的责任，美国的问题在于立场不定，加上双方的对话太不正式，限制了双方的交流。现在我们快要离开阿富汗，快要离开中亚了，希望我们可以有更多的机会去和中国沟通合作。

【王文】戴先生怎么看？

【戴旭】未来的五年，美国从哪个地区撤走，就是哪个地区的福音，离开了哪个地方就是哪个地方的福音。离开了阿富汗，不管他内部乱也好或者什么也好，他有了一种和平的可能。如果美国还在，他总是一个乱源，当地人的事情早晚要由当地人解决。美国没有办法帮每个地方，你当所有地方的村长，当所有地方的政府是不可能的。早晚要乱，早晚要走，这是没有办法的事情。

既然如此，晚走不如早走。早一些走，和平早一点到来。我也希望你们早一点离开南海，离开中国周边那些可能造成中美冲突或发生不信任的地方。比如说，你们走到了巴基斯坦、走到了菲律宾，重新在这些地方以另外一种形式领着日本过来了，到了中国的跟前，中国感到了威胁，自然就形成了中美间的互不信任。打个比方来说，你拿着刀站在我们家门前，我们就不放心。你可以站在这里，但你能不能不拿刀，对不对？这个要求并不过分吧。然后你再来谈，你说你过来想干什么，想让我借你点钱，那没什么，你过来谈。假如说美国真的不以中国为对手，就没必要让中国产生误解。产生误解以后，你会让中国被迫做出应对，从而产生新的误解。双方的误判继续增加，直到不可开交。所以希望双方能抱有合作的姿态。

现在不是说中国带了很多人到美国周边去做什么，是美国首先引起了中方的不安，你首先应该消除这个不安。还是那句话，最简单、最低的要求是不要带刀。如果你坚持带枪是你的自由，我美国人就带枪，双方都不肯在姿态上表现出妥协的话，那一切都无从谈起。所以，我就觉得美方的意愿是决定性的因素。主动权在你们手上，你放下刀就可以了，放下刀就可以做朋友了。你又不肯放下刀，又要过来，中美关系就永远停留在最低级的地方了，永远无法前进。中美关系就像一辆车一样，永远停在那儿，没有一个人去发动它。应该发动它，由中美之间的互信达致整个亚太地区的互信，让现在日趋紧张和升高的对峙局势降下温来，降下来以后才能谈实现这个地区的和平与稳定。这样整个世界的和平也就得救了，所以我认为在这个地方，中美之间都有这样的责任和义务，美方的责任更大，要走第一步，一定要走。

【王文】刚才谈了未来五年，能否再进一步提一些建设性的建议？

【马伟宁】联合军演就是一个好办法。

【戴旭】我觉得可以把中美之间的军事对话外交化，实实在在的，就像我们今天的对话一样，要务实。这是第一条。第二条，在务实的基础上，我觉得中美之间也好，中国跟其他国家也好，一切的问题、国家的问题，都是人与人之间的问题，要先从人与人之间开始做起，而不要从事与事之间做起。短期接触的效果往往有限。为什么不能编组一个中美联合军校呢？在中美两边互设一个分校，就设在双方的国防大学里，长期生活在一起、学习在一起。你只有长期生活才能感知。生活在中国的军人当中，你就会感受到中国的生活、中国的社会、中国的政治、中国的军事。反过来也一样。目前，你们大使馆有两个武官，我们大使馆有两个武官，这种了解对于两个大型国家，真是九牛之一毛。因此，我们双方要互相了解，双方至少应该有上千人的中、高级军官互相生活在对方的各类院校当中，甚至各类军事机关和军营当中，为什么不能这样做呢？

【王文】“二战”时实现过这样的安排。

【戴旭】这其实就是互信的一种表现，能真正地促进互信。就像深圳和新疆的两个家庭，搞了一个儿子互换，你的儿子到我这边生活，我的儿子到你那边生活，非常有效。

【王文】我插一句，南京大学和霍普金斯大学1986年的时候搞了个中美文化研究中心，每年向全球招一百个学生，中国五十个，美国五十个。

【戴旭】尽管进步了也依然停留在表面，特别是停留在夸夸其谈的学者之中，与政治、军事核心的问题基本上是绝缘的，因此我从来不看好地方院校的那种交往。真正在两个大国之间交往中起决定因素的，一是领导人，二是军队，其他的都在二、三、四、五的位置上。要务实，要抓核心。没有任何意义的事情干吗要进行呢？我也不是光建议自己，也建议贵国务实。我还是回到前面说过的话，解决中美问题无非两条路，要么大家坐在一起做朋友，要么上战场打个你死我活。有什么复杂的呢？咱们坐在一起也是这样，谈得来咱们就谈，谈不来就打。“有死而已，何所惧哉？”大不了就是一个死而已，没有什么可怕的，军事语言是很干脆的，不存在你怕我、我怕你的问题，不存在解决不了的问题，大不了就是一战，一战就那么个结果。大国之间的问题要简单化，而不是复杂化，复杂是无限的，只有简单才能解决问题。我相信中美之间的问题，也依然是简单的两个问题：不想打就和平，和平就和平；和平不了就打仗，打就打。就确立这样一种真诚的态度，也是解决问题的一个方式。

【王文】我觉得刚才戴旭先生讲得非常精彩，我就做个简单的总结，我听了两天，对我个人是一次很大的学习，但更重要的是感动。两天的对话非常实在，没有一句外交辞令、没有废话、没有客套，至少起了三点作用：第一，产生了真正的友谊。自“二战”以来，中美之间的军人像如此般开诚布公，我估计历史上都很少有，我们见证了这段历史，非常佩服两位军人的勇气，你们敢接受我的邀请，万里迢迢，坐下来谈。第二，产生了真正的思想。第三，开创了新方法。我觉得两位今天的谈话很有可能给中美甚至未来大国之间的交流、交往，破开了一个新口子。我一定不负两位先生所托，尽快将对话记录整理成书，以供更多的中国人和美国人参考、参与，更好地推进中美互信。再次感谢两位，非常感谢！

戴旭、马伟宁第三次对话

戴　旭： 中国跟美国目前还没有上升到战争层面，不存在打仗的紧迫性。两国的主题词还是建立新型大国关系。

马伟宁： IS 和俄罗斯是威胁美国的两条鳄鱼。

戴　旭： 俄罗斯不惜发动一场大战，也要阻止乌克兰加入北约。

马伟宁： 我个人理解普京和俄罗斯的担心。

马伟宁： IS 是很极端的。我责备媒体，一个人被杀的事情不应该被夸大。

谁搞乱了亚太?

【杨锐[1]】欢迎两位第三次对话。两位都是军人，我想单刀直入地问，在今天，"战争"是不是有可能从我们的词汇当中消亡？中美双方是否可以靠外交、靠政治智慧就能解决两军之间存在的巨大分歧？

【戴旭】我觉得中国跟美国，目前双方还没有上升到战争特别是传统的军事战争层面思考问题，不存在美国准备和中国打仗，或者中国和美国打仗的紧迫性。两国的主题词也还是"建立新型的大国

① 杨锐，中央电视台英语频道节目主持人、制片人。

关系”。如何通过中美双方的共同努力让周边其他一些地方不要发展成大规模的战争，这是核心问题，我们双方好像都没有打仗这样一个设想。而且从朝鲜战争以后，中美双方就没有处于战争状态，现在双方一直共同关注的实际上仍是如何加强互信，并共同管控其他地方那些可能诱发战争的事件。

【杨锐】不知道马伟宁先生同意不同意戴旭先生的话，同意是什么原因，不同意又是什么原因?

【马伟宁】我基本上同意中美两国关系本身没有什么大冲突，特别在军事方面，我们两个国家基本上是比较稳定的，没有什么特殊的情况，在军队方面、在外交方面，基本上都是可以谈的。

【杨锐】你怎么看最近中国海军第一次被邀请参加“环太平洋”军演?

【马伟宁】我个人一直在推进我们两军的合作，从2004年、2005年我在读博士学位的时候一直在推进美国发这样的邀请并固定下来，这样可以促进交流，不要受到宏观外交影响。

【戴旭】我觉得“环太平洋”军演是一个非常好的事件，是一个比较积极的进展，在此之前有一个背景，在前一次举行的“环太平洋”军演当中就没有邀请中国，因此才有这一次的邀请。媒体自然会理解为：上一次没有邀请你，而且美国把周边所有国家都邀请了，可以说是有意不邀请中国的，这一次邀请了，代表了双方关系的缓和。这也确实是一个非常明显的标志性事件。

“环太平洋”军演本身是一个军事外交行动，在此之前有美国和日本之间单独进行的演习，这是军事意义的，它设置的项目也不一样，它也是不对外的。这个“环太平洋”军演有这么多国家参加，从其设置的项目来看，实际上相当于中国战国时期的诸侯会盟。既然是诸侯会盟就要有盟主，这个盟主显然是美国，美国召集大家一块儿过来，带着军队来开会，诸侯之间有一个交流也比较正常。

【**杨锐**】搞军演很正常，但是上合组织的反恐军演是不是邀请了美军观察员？或者美国是否提出了要参与上合组织军演的观察？有没有这样类似的申请？马伟宁先生认为这样的机制健康不健康？

【**马伟宁**】在这方面，因为我们在太平洋有好多好多的军事演习，所以它们都有可能有特殊的计划、特殊的目标。如果说多边的军事演习，我个人认为不是针对另外一个国家或者一个组织。

【**杨锐**】换个话题。今天谈论《孙子兵法》，有人说有点不合时宜，因为这是一个核武器时代，各大国之间搞的是恐怖平衡，也没有赢家，这样一来维持世界和平的还是一种威慑理论。

【**戴旭**】恰恰相反！我不同意这个观点，今天这个时代恰恰是核威慑时代正在过时，而《孙子兵法》的思想反而正在成为主流。我们可以看无论美国与中国之间，还是美国与俄罗斯之间，都不进行相互之间的核威慑，大家讲的是大国之间尽可能维持总体的平衡。而在大国对小国之间也不采用直接毁灭性的做法，比如说美国对其他的一些小国的做法，也是“上兵伐谋”，全国为上、破国次之，全军为上、破军次之，最鲜明地体现了孙子的思想和特点。比如说乌克兰危机这个事件，乌克兰尽管处在危急的状态，毕竟双方军队主力之间没有打起来，它采用的是没有军队直接交战，还是遵循了孙子的思想，“上兵伐谋”，这个思想反而是在今天这个时代得到了更广泛地运用，或者叫更加普遍地认可。

【**杨锐**】在“环太平洋”军演中出现了一个小插曲，美国指责中国的间谍船只接近了军演地域，不友好，是非建设性的做法，请马先生解读一下。

【**马伟宁**】在这方面，首先我们是在国际秩序、国际空间进行这样一个活动，所以按照客观来说，我们的问题是如果发生一些冲突或者问题怎么办？冷战的时候，如果和苏联在海上发生一起事件，我们不要把这件事扩大，我们有一个管理制度，我们有解决的办法。我们的军舰这样做，他们的军舰那样做，可以解决这个问题。但是我们没有跟中国谈，特别在飞机方面，因为对于飞机这是很快的事情，军舰比较慢，它们只是看起来越来越近，但是飞机一下子就可以到，所以我们应该想办法建立一个沟通的机制，了解我们是这样做的、他们是那样做的。

【**杨锐**】请问戴先生，为什么我们对抵近侦察极为反感，而美国人认为是很正常的事情?

【**戴旭**】因为这是不对等的，美国的侦察机经常到中国周边来侦察，中国大型侦察机就没有到过美国。

【**杨锐**】那是你力量达不到，你力量到了也去了。

【**戴旭**】这是一个观点，但是我不完全同意这个观点，我力量到不了美国门口，我至少可以到美国的基地门口，我可以到日本门口，我们是有这个能力的。这跟中国奉行的政策有关系，中国不再奉行这个政策。我们的政策还是内向型的，是关注内部问题，最多关注一下门前的问题，而且关注门前外部因素。咱们现在电子侦察机也有大型的，我们绕日本一圈、绕关岛一圈都是没有任何问题的，我们的大型侦察机不亚于美国的飞机，也是大航程的，它不去，是由于我们的政策不支持这一点。我们去干什么呢？我们没有这样的需求，我没有在这个地方要与日本、要与美国摩擦、发生大规模冲突的准备，因此中国不去。我不到你那里去，你到我这里来，我当然比较反感。谁愿意住在家里天天被人家窥视、打扰？而且那个人还不怀好意。

【**杨锐**】中国建立防空识别区以后，日本特别反感、特别紧张，美国也不高兴，B-52轰炸机立刻不挂弹就跑过来耀武扬威，你刚才讲的这件事情让我想起日本偷袭珍珠港，对方一直惦记着你，我们不怕贼偷就怕贼惦记，日本历次战争都是偷袭，美国这样做也许是对的，他就是要预防，但是预防的对象错了，因为中国没有这样的企图。可是中国怎么不吸取历史的教训，为什么我们不搞积极的侦察活动来防患于未然？今年是甲午战争一百二十周年，当年甲午海战我们战败，就是日本搞偷袭，以史为鉴，我们是不是应该积极从事逼近对方的二百海里或者十二海里以外，也玩猫捉老鼠的游戏？

【**戴旭**】不去侦察不意味着我们不戒备、不意味着我们不准备，侦察是戒备的一种手段，其实我们还有其他的戒备手段。包括你说的设立防空识别区，这就是非常典型的。为什么我们要在这个时候设立识别区？是因为在这个时候日本的战略动作引起了我们的警觉，他采取的是对中国进行战略挑衅。这个时候我们要加强戒备，这是必然的。你可以看到，为什么之前我们的飞机没有这么做，那是因为中美之间的关系还一直处在比较良好的状态，包括2001年“撞机”事件发生的时候，我不相信美国因为那次“撞机”事件反而对中国充满多少敌意，那有很多是美国例行做法，他认为我不管是侦察你还是侦察俄罗斯都很正常，我管理全世界也很正常。但是一撞机以后，这个小事件引发了敌意，这和日本“购岛”引起的中国战略警备是完全不同的。你想想设东海识别区比派一架飞机作用大得多，我在一个大区域就识别了，你再过来，我不管你是什么飞行器，包括你是民航也要跟我通报，那意味着我对你高度戒备了。从设立东海识别区以后，咱们很多飞机都逼近了钓鱼岛，但是我们依然没有逼近日本本土。原因在于，俄罗斯的飞机会绕日本本岛侦察，日本不会理解为俄罗斯对他有敌意，但是在中国和日本间已经处于争吵状态，这个时候你再去侦察，他就会升高对抗等级。

【**杨锐**】马先生怎么看美军对中国的抵近侦察?

【**马伟宁**】应该说性质上我们除了中国以外也在对其他国家执行同类任务，比如说对俄罗斯。同时俄罗斯也对美国执行了侦察。所以我们的侦察不是针对中国的，我们在全世界执行类似的行动。但是在中国和日本中间，当然有一些问题很敏感，所以我们应该有更多的沟通。中国和日本之间会有一些问题，就是在钓鱼岛的问题上，所以他们应该想办法。

【**杨锐**】我觉得马先生没有正面回答我的问题，他故意淡化了美国对中国的敌意和戒备心。冷战结束后，尼克松访华结成的中美战略同盟结束了，美国对中国的军队建设、安全战略方面更加具有戒心。

【**戴旭**】是，从总体上来讲是这样的。

【**杨锐**】但戒备心跟敌意之间是不是还有很大的距离?

【**戴旭**】还有一些距离。美国在冷战结束以后国家进行了战略调整，这很正常，所有大国都进行了调整，大的事件出来以后都进行了调整。调整以后，从那个时候开始，1989年以前中美是蜜月期，这时中国出了“六四”事件、苏联摇摇欲坠，瞬间世界格局就重新洗牌了，这个时候中美之间也出问题了，美国和欧洲都对中国进行制裁。中美关系后来一直疙疙瘩瘩，应该说这种敌意是战略敌意。就是说我不再把你当作朋友了，尽管原来咱们俩非常好。

【杨锐】就是没有互信了。

【戴旭】没有互信了，这是一个比较准确的状态，随即后边有一系列的事件，比如美国搜查中国“银河号”商船事件、轰炸中国驻南联盟大使馆事件，一个接一个，一直到2001年的“撞机”事件，这是一连串的，这就向着越来越不信任，也就是你说的从戒备到敌意的方向演进。

【杨锐】还有迪莱法案和国防预售案法案、授权法案都是。

【戴旭】对，包括在台湾海峡演习，美国出动两艘航空母舰。

【杨锐】近两年美国政府对台湾军售减缓，没有明显刺激大陆这方面的动作，是不是因为两岸关系改善得很明显，所以美国认为没有必要帮助台湾协防了？

【戴旭】这是一个原因，但是主要还在于马英九上台以后台湾采取的政策，和大陆的和平。他不和大陆敌对，他跟民进党的政策不一样。

【杨锐】但是美国有一个非常麻烦的现象，美国的军工复合体，他的工作就是寻找敌人，这样好卖武器，这个敌人不一定真正存在，但是假想他是个敌人，然后推动国会批准国防预算，他就可以制造武器来赚钱，是有这样的情况。

【马伟宁】对，第一个例子就是艾森豪威尔，这个将军就提出这个问题，我们不可否认他的影响比较大，但是最近对于台湾来说我们是比较放松，从马英九上台以后我们是比较稳定的，而且从内部来说我们不想让两岸的关系不稳定。虽然我们一直在继续给台湾武器，但是我们没有大规模地卖武器。

【杨锐】我一直认为在东北亚地区有几个“二战”遗留下来的隐患：一个是“北方四岛”日俄之间；一个是分裂的朝鲜半岛；一个是钓鱼岛；一个是台湾岛，这四个岛是隐患。朝鲜半岛问题“六方会谈”已经失败了，彼此相当不信任，朝鲜不信任美国，美国不信任朝鲜，中国说朝鲜半岛的稳定是第一位的。近些年由于安倍政府右倾化现象比较厉害，韩国跟日本都是美国的盟友，但是他们之间有了距离，这样的话对于中国意味着什么？

【戴旭】你刚才提的这个问题中间还有一些最新的变化，在“六方会谈”当中，日本对朝鲜是极端不信任的，现在恰恰相反，热乎起来了。这个问题就是国际局势的变化，日韩之间出现了问题，中韩之间反而靠近了，世界格局在不断地变动当中，这些事件构成了目前东北亚局势令人眼花缭乱的景象。朝鲜问题是“二战”遗留下来的问题，“二战”以后朝鲜半岛一直就是东北亚不稳定的根源，整个朝鲜半岛都是这样。冷战的结束稳定了很多地区的局势，唯独没有融化朝鲜半岛的坚冰，从而使得朝鲜半岛的冷战仍在继续。冷战遗留的病症，在朝鲜半岛这个地方仍然不停地发炎、不停地发作，这会把当年牵涉的大国重新牵涉进来。刚才你讲“六方会谈”失败，这个说法非常准确。我们看到“六方会谈”期间，美国格外关注朝鲜发展核武器，现在似乎美国不管了、不问了，等于现在各行其是，朝鲜和日本去发展关系了，中国和日本现在基本是战略敌对，从最近习主席的讲话中大家也看得出来。

【杨锐】对于东京方面很积极地跟平壤套近乎、改善关系，华盛顿是不是不高兴，是不是说你别这么冲动，这么不顾老大，你得跟我商量？好像安倍为了防范包围中国，他把朝鲜作为一个棋，跟印度、越南、菲律宾搞关系，跟朝鲜搞关系，在解决人质问题之后迅速缓和双边关系，形成对中国的包围，华盛顿对这个问题怎么看？

【马伟宁】我个人认为，中国跟这些周边的国家友好关系是好事情，因为对全世界和平稳定很有作用。朝鲜离全世界越来越远，他们的落后，他们的看法完全不一样。第一，不要影响他们的政局，但是另一方面因为没有直接沟通，朝鲜和日本、韩国的关系挺好，所以我们需要中国和朝鲜有一些关系，我们就可以帮助朝鲜半岛稳定。所以这方面我们一边是遏制他们，让他们收到现在世界的看法。第二，我们不要他们太自由了，我个人认为现在的朝鲜领导人不太了解全世界，不太了解现在的情况，我们也在担心他发导弹，而且我们不太了解中国怎么看，我们认为中国和朝鲜的关系越来越冷。

【杨锐】习主席这次把韩国作为单边唯一访问的对象，这是不是说明了对朝鲜一系列挑衅动作感到不高兴了？你刚才说你不知道中国对朝鲜发射导弹有什么反应，难道这不是反应吗？

【马伟宁】当然是反应，而且我们都认识到，就是我们为什么认为中朝关系越来越冷，但是也应该保持有一些关系，不至于发生危机。不然的话，那就很危险。

【杨锐】现在“六方会谈”失败之后，最多的一个问题就是在东北亚有这么多的麻烦，刚才说的“四个麻烦”，没有一个地区安全机制，我们原来以为“六方会谈”可以发展成为一个地区安全机制，现在变成了美日安保条约和中俄不断地搞军演，搞成对立的东西，所以难怪安倍在欧洲发表“一战”演讲的时候说亚洲地区出现了类似于第一次世界大战那样的局势。

【戴旭】我同意你这个判断，现在亚洲处于“一战”这样一个状态，恐怕很多大国和学者，包括美国的学者可能也这么认为。

【杨锐】你同意安倍这个分析吗？

【戴旭】这不是安倍的分析，这首先来自美国人的分析，美国人说亚洲正处于像1914年第一次世界大战前的形势，安倍是借用他们这样一个说法。我认为造成这样一个形势，美国应该负主要责任。首先是美国促成了这样一个状态的出现。同时我们可以看在亚洲出现第一次世界大战对立态势的同时，欧洲也出现了。欧洲和俄罗斯之间不也是这样吗？原来欧盟和俄罗斯之间合作还是比较良好的，现在由于乌克兰危机事件的爆发，也形成了对立，也就是说在欧亚大陆东西两端同时出现了大的力量集团对峙状态，而这个状态我严重怀疑是美国有意制造出来的。美国不愿意看到中日和解、俄德和解。他制造地区不稳，然后进行地区制衡。

【杨锐】我们在寻找解决东北亚地缘政治麻烦的地区安全机制的时候，“六方会谈”失败之后，我们把目光投向东盟国家国防部长会议，前不久在缅甸召开东盟国家国防部长会议。美国、中国都参加了，这样的情况有没有可能不断借着东海、南海危机，各方坐下来谈判？怎样从各种不同会议当中寻找各方能够接受的地区安全机制非常重要。我相信两军也在寻找这样的安全机制，不仅寻找双方军演的时候避免两军军舰交叉、飞机飞过的危险动作，主要是在战略层面上建立起各方能接受的地区安全机制。

【马伟宁】日本和韩国、韩国和朝鲜、日本跟中国、日本跟俄罗斯，都有这些问题，所以中国跟菲律宾、跟越南的问题，他们没有什么理由建立这样一个组织。比如在冷战的时候，从美国来看，"二战"以后如果没有冷战，我个人认为不会有那样的经济关系，因为没有什么原因促使它，因为有了外边更大的危险，所以他们必须想办法解决。

改写历史的乌克兰变局

【杨锐】美国提出“战略重心东移”和战略“再平衡”，这个时候中国面临战略上的被动，有人形容中国外交上处于有史以来最孤立的状态，但是中国被普京救了。普京拿回了克里米亚，现在又暧昧地介入到了乌克兰东部俄语区的动乱中去，那么美国是不是要拿出很大的精力到欧洲斡旋？包括中东地区也是，以色列处罚哈马斯，也使得克里国务卿不断去，如果研究这一年上半年美国国务卿克里的精力，发现85%的精力基本上在中东欧，无暇顾及中日在东北亚南海问题上的一些外交动作。戴先生怎么看乌克兰事件对于东北亚地区安全局势的影响？

【戴旭】说中国被俄罗斯救了，有点夸张。这是世界大格局变化当中的分化组合，今天的世

界处于网络时代、空间时代，已经进入一个整体，很小的事件也会产生蝴蝶效应。乌克兰事件马上牵动了东亚局势，实际上美国战略重心东移的同时，在西部也没有放松对俄罗斯的挤压，俄罗斯和中国是被挤在了一起，背靠背。

【**杨锐**】这是不是美国犯了巨大的错误？奥巴马让普京和习近平走在了一起？

【**马伟宁**】这个不是很广泛的看法。

【**杨锐**】你对未来三十年俄罗斯对中国4000亿美元的天然气供应怎么看？

【**马伟宁**】这并不是特别重要的，因为这个可靠性有个要求，从全世界国际关系来说，这不是最大的一件事情。美国和中国的关系也比较好，而且我们的伙伴关系非常重要，所以俄罗斯不能代替我们，我们的市场比他们大得多，我们需要中国，中国也需要我们，所以我们不是特别担心，我们不是冷战时期那样的，如果他们不在我们这边就是在那边。所以我们不太担心乌克兰危机影响了中美关系。

【**杨锐**】下一轮对俄罗斯的经济制裁很微妙，要害环节可能是金融制裁，因为很多能源生意都是用美元结算的。如果俄罗斯在这方面被打击了，中俄能源合作是不是要受到严重影响？中国怎么办？

【**马伟宁**】我个人认为这是很窄的一条路，因为如果我们错过了这条路会影响我们长期的利益，所以金融的制裁是很有效的。

【**杨锐**】奥巴马的团队有没有想到过这样做会逼人民币尽快国际化，对美国反而不好？

【马伟宁】就是这个问题，我们依然有这样的制裁，所以如果中国和俄罗斯要建立更近的关系，不用美元，对我们的长期利益来说是不利的，所以我们是会很小心地来做，不要让中国也不要让全世界的特别是有大货币的国家这样做，如果他们这样做就会影响到我们。

【杨锐】戴先生怎么看乌克兰事件？同时请戴先生分析一下为什么乌克兰现在成为东西方的焦点之一。

【戴旭】乌克兰危机今年爆发，既有它的偶然性也有它的必然性，在今年是一个偶然，但是发生这个危机是必然的，这就要从美国的全球大战略来看。布热津斯基在冷战后期写了一本《竞赛方案》，说美国的利益在全球集中在三条战线上：第一条是远东战线，就是你刚才讲的沿朝鲜半岛、日本、菲律宾一直到南海，是美国的一条利益线。第二条战线在东欧。第三条就在中东和中亚，因为中东是产油区。乌克兰就在第二条战线上。在冷战结束以后，事实上苏联不是解体了吗？实际上俄罗斯在美国的眼里体量还是非常巨大的，依然还是有威胁性的，欧盟东进、北约东扩是两步棋，二者一明一暗，一个经济一个军事，是不可分割的。这个地方危机首先是由一个事件引发的，就是乌克兰暂停与欧洲签署伙伴国协议，这是总统职权范围内的事情。这意味着什么呢？在欧洲和美国看来，意味着乌克兰加入北约的进程被阻止了，因为加入欧盟就要加入北约，加入欧盟是第一步。现在终止和欧盟伙伴国协议，就是说乌克兰不加入欧盟了，也就是说加入北约的进程就停止了。在此以前，因为格鲁吉亚，美国和俄罗斯之间已经发生过类似的事情。2008年，俄罗斯已经感受到了危机，就是北约已经向他逼近。俄罗斯倒不是怎么担心欧盟向他逼近，欧盟毕竟是个经济组织，但俄罗斯格外警惕北约向他逼近。格鲁吉亚是一个石油中心，所以俄罗斯不许格鲁吉亚加入北约，就把他的阿布哈兹和南奥塞梯两个地方肢解掉，现在乌克兰实际上重演了格鲁吉亚事件，他一出来又是第二个格鲁吉亚，那么俄罗斯采用的办法依然很类似。你想独立、你想要靠近，我就把你“一条腿”拿下来，用一个通俗的比喻，俄罗斯把他们视为自己的“小妾”，你可以跟别人眉来眼去，但你不能跟他跑掉，你敢跑掉，我就把你的一条腿打断，警告你、拦住你。

无论格鲁吉亚还是乌克兰，一旦加入北约，你就知道俄罗斯已经没有退路了。他不仅在乌克兰这样说，在格鲁吉亚也是这样说的。苏联解体、波罗的海独立，俄罗斯还有一点缓冲区。那么格鲁吉亚和乌克兰加入以后，北约和俄罗斯就靠近了边界，刺刀碰上了刺刀。俄罗斯作为一个尚武民族，他不允许威胁逼到自己的胸前。美国也是一样，日本也是一样，都不允许威胁逼近自己的胸前。所以这个时候他采取的动作格外激进，而且我认为这还只是第一步，拿走克里米亚只是第一步，如果说后面的局势再向恶化的方向演进，特别是乌克兰如果继续向加入北约方向走，那么俄罗斯还会有大动作。我的判断是俄罗斯不惜在这个地方发动一场大战，他也不会允许乌克兰加入北约。

【马伟宁】虽然我不完全同意你的意见，我个人认为北约和欧盟有关系，但是我们不可否认俄罗斯有这样的感觉，我们去威胁他，在乌克兰发生这样的事，我个人可以理解普京和俄罗斯这样的担心，因为就在他们旁边。而且他们从17世纪、18世纪以来都是这样的，如果他们感觉我们去威胁他们，他们当然有反应，他们不喜欢强大的邻邦，他们的经济比较好是因为他们靠石油和天然气的价格，现在他们慢慢恢复他们的利益。我们已经跨入他们的红线，虽然我个人认为不是针对俄罗斯的战略，我们要更自由的贸易和经济增长。但是我可以理解俄罗斯，他们要受到欧洲和美国的制裁，他们可以有一个办法来解决。

【**杨锐**】如果俄乌冲突进一步升级的话，排不排除这种可能，就是北约就认真考虑乌克兰进入北约了？

【**马伟宁**】我个人认为太过了。

【**杨锐**】会不会爆发一场大规模冲突？因为俄罗斯不惜一战也要阻止乌克兰加入北约。

【**戴旭**】俄罗斯没有退路。

【**杨锐**】俄罗斯已经向北约发出明确警告，不要再逼他们。

【**马伟宁**】没有必要，特别在北约看来，我们没有必要让他们这样。

价值观与大战略

【杨锐】冷战后，西方似乎一直认为：我们控制的范围不仅仅是对传统的民族国家的边界的限制，我们更多倾向于哪里有我们的价值观，哪里就是我们的疆土。西方人认为我们的影响力就在于我们的商品跟价值观长驱直入的地方就是我们的影响范围，表面来说乌克兰加入欧盟是经济问题，但实际上是一个价值观问题。

【戴旭】美国是不会为价值观而战的，他还是为现实利益而战。

【杨锐】越南战争是不是为价值观而战?

【戴旭】也不是为价值观而战，还是为了双方扩充自己的势力范围，价值观是用来包装、美化自己，彰显自己是正义的一个道义形象。

【杨锐】你怎么理解新保守主义在“9·11”事件之后对阿富汗和伊拉克的入侵?

【戴旭】这也不是价值观。新保守主义是掩盖战略的一个道具，美国有一些新保守主义者提出要消灭伊朗，发动第四次世界大战，我曾经批判过这个观点。这太过分了，他们提出这些观点，这叫师出有名，实际上是冷战后，苏联瓦解，中东处在真空状态，没有人去接管，美国就要去接管，这就是中国以前古代的时候王师出战必须有名，我到这边推进“民主”去了，实际上是把苏联的所有势力范围全部接管，把他们改造成西方体系当中的一员，这就是民主化改造。包括我们常说的“颜色革命”，看起来是价值观问题，实际上全是大战略当中的一个步骤，它是一个道具、一个掩护、一个掩饰而已。

【**杨锐**】那也是软实力的一种。

【**戴旭**】是软实力。这就提出来一个非常重大的问题，其实美国在“二战”期间已经认识到“软实力”的问题。美国有个学者叫摩根索，写了一部非常经典的著作——《国家间政治》，他最早提出第二次世界大战证明了一点：军事帝国主义正在被淘汰，而文化帝国主义正在成为主流，大国间要靠文化来征服，军事和经济手段只能作为辅助。他说文化帝国主义将成为大国间征服的主流，军事帝国主义和经济帝国主义则只起辅助作用。

【**杨锐**】这么来说，好莱坞比五角大楼更有力。

【**戴旭**】没错，美国的好莱坞已经扮演了在文化战略、文化征服当中的主力军角色之一。美国的生活方式，刚才你讲的价值观问题，这个时候就变成国家战略了，变成你看不见的不拿枪的军队。美元作为辅助经济帝国主义的手段，成了另一支不拿枪的军队。苏联就是被这两项搞垮的。一个是美元；另一个就是美式文化、美式价值观。后来戈尔巴乔夫的改革新思维，接受的就是这套理念。这就是为什么我不太同意在中美之间设想双方之间的核大战、双方之间的军队交战、航空母舰和飞机之间的交战，这个问题看上去很现实，其实很遥远。原因在于美国在“二战”结束以后，他的国家战略形态已经发生变化了，你可以看美国在“二战”以后对苏联、对东欧实行的全是文化战略，通过文化把他们瓦解了。苏联瓦解以后，这个战略接着又用在中东，通过“颜色革命”，继续瓦解。现在实际上对中国采用的也是文化战略的手段。

【马伟宁】这个价值观的问题，特别是伊斯兰国家也有一些价值观的问题，但是我个人认为如果说价值观战略已经大过军事，价值观也就变成国家“软实力”的中坚。但是中国也有“软实力”，一边讲中文，一边让别的国家了解中国的价值观。所以我们在中东发生的一些问题，我个人认为很大一个原因是我们不太了解我们自己的历史，认为通过民主主义就可以解决更多的问题，而且不会有民主国家之间发生冲突或者打架。但是我们一再忘记我们到20世纪60年代才实现每一个人都有他们自己民主主义的权利，我们忘了一百年才建立了法制基本体系来支持这个民主主义，所以我们不能一下子变成完善的民主。我们一直说民主主义是投票，投票是要的，但是是不够的。

【杨锐】你的意思是说投票可以选出民主主义的领袖。

【马伟宁】投票是民主主义的一个需

要，但是投票并不等于民主主义，比如说他们操纵投票，他们的投票不完全是自由的，而且他们在政治方面没有自由，没有真正的选择。

【**杨锐**】关于民主我们探讨几天几夜都探讨不完，我只希望你给我一个痛快的答案，不要太外交辞令，奥巴马是不是犯了错误？包括从小布什开始，在中东搞民主化进程，在俄罗斯和乌克兰问题上犯了错误？因为现在看来战略上导致了中俄战略上走得更近，这个不是美国愿意看到的。从结果来看，他最初所做的一系列动作是有问题的。

【**马伟宁**】是。

【**杨锐**】你是不是同意这个观点、这个判断？

【**马伟宁**】也不能说是。

【**杨锐**】这就是外交辞令。

【**马伟宁**】不是，因为我个人认为我们不能提前决定这个结果是什么，所以这不是一个错误，因为他们自己就建立民主主义，他们投票不要他们的总统，我们当然应该在这方面支持他们。

【**杨锐**】俄罗斯向斯诺登提供了避难，美国认为这件事情必须要报复。这样的情况下就极力破坏乌克兰选举，本来亚努科维奇已经当选了，但是由于美国国务院的介入，俄罗斯拿到证据表明西方介入乌克兰选举，所以乌克兰所谓法西斯主义、民粹主义和西方干涉结合在一起导致了今天东乌克兰发生了动乱，美国难辞其咎。对不对？

【**马伟宁**】布什跟斯诺登没有直接的关系，因为斯诺登就是中俄之间的一个顾问，但这不是一个原因。

【**杨锐**】他不是唯一原因。在叙利亚的问题上，俄罗斯提出的建议让奥巴马实际上更加难堪，这件事情恐怕奥巴马团队也觉得不能让普京占尽风光，要让他感到难受，所以“斯诺登事件”美国人认为不能让普京用尽舞台上的聚光灯，所以必须要恶心他一下。结果没想到恶心成了同仇敌忾，事件一发不可收，一件事情接一件事情恶性循环，导致了美国不得不介入。所以我的问题始终围绕着一点，奥巴马和小布什一系列战术战略动作全都是错误的，导致美国非常的被动。

【**马伟宁**】我不同意你的判断，因为以后的结果还没有出来，还不一定。

【**杨锐**】你认为美国不一定被动，鹿死谁手殊难预料。

【**马伟宁**】现在伊拉克不稳定与他们有很大的关系，但是我们不能说这完全是错误的。

IS与俄罗斯：威胁美国的两条“鳄鱼”？

【**杨锐**】美国越来越笨拙，越来越拙劣。他不得不打击叙利亚境内的IS，但是他跟阿萨德政府没有合作，这样的情况下美国政府非常被动啊。如果没有阿萨德政府的配合、没有地面部队投入的话，很难消灭IS在叙利亚的存在。

【**戴旭**】对于这个问题，我先回答几句。目前在叙利亚这个地方，美国在叙利亚问题上的纠结或者叫困惑，超过在乌克兰，他现在很难办。如果不打这个组织，那么他跟“伊斯兰国”是一体的。两个美国记者被砍头了，如果你要打的话，阿萨德也是美国的敌人。这两个敌人之间帮哪一个？

【**杨锐**】而且俄罗斯要支持阿萨德政府怎么办？

【**戴旭**】对，这里边就面临一个非常复杂的局面，就是美国对敌人的认定目前陷入了混乱。我就想问一个问题，美国在当今世界真正的敌人是谁？你的敌人是俄罗斯、中国，还是“伊斯兰国”？

【**马伟宁**】第一个，当然不是中国；第二，俄罗斯和“伊斯兰国”……

【**戴旭**】极端伊斯兰主义者。

【**马伟宁**】对，这是两件事情。你刚才说我们有两个敌人，经常说我们敌人的敌人就是我们的朋友，这方面很复杂，而且我们在伊拉克也有一点主意，虽然他们刚有新的政府。

【**戴旭**】你们扶植起来的政府又被换掉了。

【**马伟宁**】这方面我们很难判断我们应该怎么做。第二个问题就是因为以前苏联内战，我们不太愿意去干涉，我个人认为在叙利亚问题上，如果我们支持阿萨德，这个不好。如果我们不支持他，也不好。

【**杨锐**】也很难进入。

【**戴旭**】这是美国寻找敌人的政策导致的，他一直在寻找敌人，结果找到了一群敌人，他在一群敌人当中没法儿辨别哪个是他的主要敌人，哪个是次要敌人。

【**马伟宁**】IS是离我们的"船"最近的"鳄鱼"，但不是最大的"鳄鱼"，最大的"鳄鱼"就是俄罗斯，但是他们还有一点远，所以我们就先打IS，基本逻辑是他们现在有很多吸引力，可以吸引对现状很不满意的力量。

【**杨锐**】两千多欧洲人加入了IS。

【**马伟宁**】对。

【**戴旭**】还有文化价值观的问题。

【**马伟宁**】现在他们有很大的吸引力。

【**杨锐**】有人说在巴黎驱车二十分钟到巴黎市郊见到的全都是蒙着面纱的伊斯兰教的信仰者，伊斯兰化在欧洲政治当中也是非常大的问题。

【**戴旭**】现在已经变成一个世界性的问题。

俄罗斯与土耳其：美国的战略失误？

【**杨锐**】还有一个问题，土耳其是北约成员，但是一直没有成为欧盟成员，很重要的原因是德国总理默克尔、英国首相卡梅伦都认为多元文化主义在欧洲失败了，伊斯兰教徒在德国使得欧盟认为不能有更多的伊斯兰教徒进入欧洲国家，这样的话土耳其作为一个北约成员很尴尬。你防务上需要我，你在市场上又拒绝我，怎么办？我向东走！所以他成了上合组织的观察员。不排除俄罗斯跟土耳其在这里面的动作，也不排除普京在被包围的情况下，与中等强国土耳其结盟或者走得更近，于是美国更加被动。

【**马伟宁**】这个我同意，我也很遗憾土耳其没有进入欧洲，而且欧洲一直把他排除在外。一个就是你刚才说的价值观，伊斯兰教的一些影响，但是我个人认为十五年前他跟西方国家有更近的关系。

【**杨锐**】你承认不承认美国还犯下一个巨大错误，就是“9·11”事件之后美国逼巴基斯坦站队表态，结果伊斯兰堡跟美国站队，付出了沉重的代价，穆沙拉夫将军这个前巴基斯坦将军四次躲过暗杀，北约在阿富汗的军事行动后勤补给线，从安卡拉和从巴基斯坦的空中走廊两条线都遇到了困难。因此我就说你惹了伊斯兰国家，你在伊斯兰国家作战四面受敌，那么接下来2014年年底美军要从阿富汗撤军，这种情况下上合组织是不是弥补了这个真空?

【马伟宁】我个人认为不管是哪个组织可以把阿富汗局势稳定下来，都比较满意，不知道他们有没有这样的意图。第二是有没有这样的能力，如果说他们没有军事方面的目标。

【戴旭】我回答一下你前边的问题，你问是不是布什和奥巴马的失误，我现在可以肯定地回答你，这是他们的一个巨大的战略失误。他们的失误还不仅仅是你提到的那些问题。他们最大的失误就是，正是由于美国几任总统的战略失误导致了伊斯兰极端势力的兴起。今天美国是在“搬起石头砸自己的脚”，你可以看，所谓“伊斯兰国”在此之前是没有的，如果美国不打乱中东地区的格局，如果卡扎菲和萨达姆还在，以前这些玩意儿都是销声匿迹的。

【杨锐】没错，当初美国支持萨达姆摆平了伊朗，结果在伊拉克入侵科威特之后把萨达姆干掉，平衡伊朗的力量彻底消失。

【戴旭】关键是这个时候它打开了“潘多拉的盒子”，“魔鬼”被放出来了。

【杨锐】而且苏联占领阿富汗，谁支持的塔利班？

【戴旭】对，你扶植了塔利班。今天就是“搬起石头砸自己的脚”，最重大的失误，今天你面对这些问题，就是你把这个魔鬼盒子打开了，可是你没有办法再把它装进去了，而且到处都是。塔利班会不会和“伊斯兰国”联合？如果要联合，你怎么办？美国要从阿富汗撤军，现在美国面临一个最重大的难题，就是极端主义的“魔鬼”，伊斯兰极端主义的“魔鬼”已经被放出来了，美国你走了、你不管了，不仅阿富汗，现在中东你也管不住了，你从伊拉克表面上撤军了，现在他兴起了，你通过空袭想把他压制住，这是不可能的。

【杨锐】关键是IS说了，要把他们的战火烧到美国本土。

【戴旭】接着第二个问题，2014年美国要从阿富汗撤军了，他们在理念上是一致的，塔利班会不会和“伊斯兰国”联合？如果联合，美国撤出阿富汗以后，你把这个烂摊子放在这个地方，整个从中亚到中东这一大片区域美国将怎么办，你如何给世界一个交代？

【杨锐】那就让中国来处理？

【戴旭】中国同意吗？我们凭什么帮美国擦屁股？现在有欧洲和美国大量的人加入伊斯兰极端组织，所以这就是战火已经烧到了他们的本土。

【杨锐】现在问题是这样的：两个美国记者的脑袋被砍掉了，现在美国怎么办？

【**马伟宁**】我个人认为这是一个很大的错误，不是说是你的错误，是美国媒体的。因为有好几次，我们已经知道IS是很极端的，他们已经杀死好几个人，我们为什么帮他们扩大这样的影响？他们已经杀死好几个人，但是我们没有什么反应。死了一个美国人，就引起媒体这样的反应？

【**杨锐**】你责备媒体？

【**马伟宁**】我责备媒体，虽然是很遗憾、很不好的事情，但是一个人被杀的事情不应该被夸大。

现实主义，还是新保守主义？

【杨锐】我们回到军事话题上，因为双方都是军人。近几年美国的军事战略是不是变得小型化？特种部队作战，无人机的使用，对于猎杀自己国家的敌人现在进入到一种特殊的阶段。那么打击IS是不是也会用无人机，然后再加上小规模特种部队的介入？比如说捕杀本·拉登用了两架隐形直升机，其中一架毁掉了，但是它完成了任务。据外电传说这架直升机的引擎运到中国了，开了个玩笑。

【马伟宁】这不是开玩笑。

【杨锐】有人说巴基斯坦军方把它给了中国，中国研究它的引擎技术，包括我们的使馆被炸，有的人讲这可能就是……

【戴旭】我觉得这是传说。

【马伟宁】这不是一个传说。

【杨锐】那么我们说军事上是不是美国开始使用特殊手段来解决热点问题？

【马伟宁】特别在打击IS上是这样的，我个人认为应该让周边的国家更多地使用，因为他们不威胁美国，他们也会威胁这些国家，比如沙特阿拉伯、伊朗等，所以我们应该帮助他们，他们也应该负责这件事情。这是他们的责任。不然的话，“伊斯兰国”就要影响他们，因为他重要的目标就是把全世界的伊斯兰教徒建立成一个国家，所以越早解决这个问题越好。

【**戴旭**】美国的小型特种部队在全球范围内已经达到精确猎杀某个被锁定的敌人，这个手段、能力已经得到世界的承认，但是他们猎杀不了恐怖思想。

【**杨锐**】本·拉登代表的是意识形态，一个本·拉登倒下了，千万个本·拉登站起来，这恐怕是美国面临的一个很大的问题。

【**戴旭**】美国最大的问题是什么？他在不停地放出各种各样的魔鬼，无论他有意还是无意，他放出了本·拉登、放出了伊斯兰极端势力，现在是“伊斯兰国”。同时像日本军国主义这种魔鬼也在解禁、也在放出来，同时美国到现在也对朝鲜的核武器发展不置一词，美国这种做法，我就不知道他为什么这么做？

【**杨锐**】如果美国希望与中国等有分量、有影响力、有实力的国家建立反恐战线的话，在关塔那摩基地释放出来的东突恐怖分子，为什么不交给中国？这个问题让中国特别尴尬，因为中国非常想加强与美国的反恐合作，这是个试金石，表明美国在反恐合作上三心二意，这使中国非常失望。

【**马伟宁**】这是国际关系的另一方面，我个人认为这是国内政治的问题。

【**杨锐**】反过来，你对美国民主决策机制怎么看？

【**马伟宁**】关键是宏观的思维。

【**杨锐**】有利有弊，这个问题上美国显得就被动了，关塔那摩释放的恐怖分子就被美国国内政治绑架了，成了人质。

【**戴旭**】我倒不大同意国内政治绑架，我觉得反映了美国一个真实的战略意图。

【**杨锐**】也就是中美关系的改善最大障碍是意识形态。

【**戴旭**】还不完全是意识形态问题，是美国的总体战略意图。

【**杨锐**】你怎么看美国的“例外论”？基辛格说美国“例外论”可能关于宗教问题。“9·11”事件以后，小布什一不小心说走了嘴，说实质就是“十字军东征”。

【**戴旭**】这反映了他内心真实的想法。

【**杨锐**】你说本·拉登代表了意识形态，我们回到思想战略层面

上，中美之间，两军关系缺乏互信、两国政府缺乏互信、两国关系缺乏互信，说到底就是因为意识形态问题，所以我们共同打击我们共同的敌人是走不到一起的，因为美国深度怀疑中国的意识形态。

【戴旭】我觉得这也不是意识形态问题。布热津斯基在他的书里边说得非常明确，他说我们和苏联之争不是意识形态之争，而是国家利益之争。

【杨锐】现实主义跟新保守主义是有区别的，新保守主义特别强调意识形态。

【戴旭】强调意识形态和不强调意识形态，一切都是为现实利益、为国家利益服务的。大国之间没有一个能靠"主义"活着，大家都为利益活着，国家之间的争执一定不是"主义"争执，你说美国搞垮苏联是因为"主义"吗？那现在俄罗斯已经放弃共产主义，美国为什么还跟俄罗斯过不去？这是一个低级骗局。俄罗斯执政党已经改名字了，美俄关系改善了吗？还是没有。

【杨锐】但是美国指责乌克兰或者俄罗斯大选不是真正民主意义上的大选，他指责普京总统操纵了媒体。

【戴旭】如果争意识形态的话，中东很多的王权国家或者王朝国家，也不符合美国的民主理念，他们为什么还是美国的好朋友？也就是说意识形态这个东西只是用来包装自己的，所以我觉得中美之间关系如果真要搞好，是要找到双方国家利益的结合点，比如说我们同时对抗苏联全球扩张，我们找到了这样一个利益点。第二我们共同对付恐怖主义，我们都找到了。

【杨锐】那你认为中美之间共同的敌人是什么？

【马伟宁】可以说是恐怖主义，但是恐怖主义究竟能不能作为一个敌人，这是一个问题。

【戴旭】你说得非常对，恐怖主义能不能作为一个敌人，关键还是在于“主义”后边暗含的国家利益能不能成为我们共同所追求的东西。因为同盟的结成必然是以共同的利益为前提、为基础。

【杨锐】戴先生，说到恐怖主义的问题，新疆暴恐案件频繁发生，国内一种非常愤世嫉俗的观点认为，也许西方很高兴看到新疆发生暴恐袭击。这样的话有点像是朝鲜战争刚刚爆发，CIA对于西藏分裂分子的支持一样，我在你后方捣乱、我牵制你的崛起。所以在反恐问题上平添了另外一个障碍，不知道马先生同不同意。

【马伟宁】不，我们不要用恐怖分子、恐怖主义作为任何的国际关系的改善，因为这个是控制不了的，比如说在中亚或者在新疆等地区，帮助这些恐怖分子，但是他们是伊斯兰教的，他们有一个目标就是让美国离开中东。这些人我们控制不了。

【戴旭】美国是一个现实主义的国家，在这个时候，你要说美国在民意上站在道义、正义的一边，明着支持中国的恐怖分子，美国肯定不会这么干。但是支持中国的反对力量，给中国捣乱，这是美国的国策，因为他不希望中国强大。

美国的“第五纵队”战略

【杨锐】美国其实一直在支持中国国内的“第五纵队”。这是戴先生非常喜欢谈论的话题。

【戴旭】“第五纵队”战略是美国学者摩根索最早提出的，说要建立美国自己的“第五纵队”。美国通过这种战略把苏联、东欧“和平演变”之后，近年来在中东、中亚频频得手。他们还派到中国很多人，在台湾、在香港都有，在中国大陆更培育了很多人，洪博培先生2012年就提出要依靠他们鼓动中国的网民“扳倒中国”。

【杨锐】要搞“和平演变”和“颜色革命”。

【戴旭】“和平演变”总比军事改变成本要低，“和平演变”是一个政治学层面的战略，也是孙子兵法的要义所在。美国把世界的威胁分成等级的，恐怖分子也是威胁、俄罗斯也是威胁、中国也是威胁，日本是潜在的威胁，但哪些威胁是眼前的、哪些威胁是最大的？他认为中国的发展壮大对他是威胁，因为影响到他的全球利益。俄罗斯你不跟我的地缘利益配合，那么你也是我的敌人。因此谁能够给俄罗斯添乱、谁能够给中国添乱，谁就可能是美国的朋友。问题是美国的这个朋友他本身也有自己的想法，他并不把美国当成他的朋友，因此这就是美国的两难。他为什么把塔利班当朋友，后来又把塔利班当敌人？新疆“东突”问题也是一样。

【**杨锐**】说到要从内部“和平演变”中国的“第五纵队”，或者亲美力量等，马先生有没有跟美国的精英一起想到一个后果，因为我们讲美国老犯战略预判的错误，有没有想到会选出一个……

【**马伟宁**】这是民主主义问题，他们不会一投票就变成民主主义的，而且他们认为民主主义就是一个人投票一次，所以这个完全不是民主主义，他们必须有一个反对派的。

【**杨锐**】在香港的一人一票呢?

【**戴旭**】香港的有些人，就是号召走上街头对抗政府和中央的那些人，由于他们在扰乱香港的局势，通过扰乱香港的局势进而扰乱中

国的社会局势，美国就认为这些可以是美国支持的力量。问题是这些人他是不是真的符合美国所谓的民主价值观。比如说乌克兰，亚努科维奇是通过民主选举上台的合法总统，你通过骚乱把他推翻，你当总统，那么你是不是合法的?

【马伟宁】国家间的关系。他的意思是更近的官方的关系，但是他说政府里面有两派，一派是让美国跟越南有关系，第一个是经济方面，因为他们跟中国有一些冲突，希望把美国拉进去。

【杨锐】但是意识到俄罗斯跟越南关系非常密切。

【马伟宁】对，另一派完全反对，所以在越南方面我们是慢慢地走，不是很快的。

【杨锐】但是你们的盟友日本却跟河内走得非常近、非常快，给他巡逻艇，谈论双方海上安全合作，这样是不是有点像代理人之间的做法，因为日本是美国的盟友，美国不直接出面，直接出面会引起强烈反弹，毕竟有越南战争的记忆。越南内部会有反美情绪，对美有戒备，虽然年青一代可能忘记越南战争，最重要的是你们的代理人日本会实现美国无法公开实现的意图。

【马伟宁】虽然他们是我们的盟国，但是我们不完全控制他们的政策，而且用其他国家作为你的代理人也是比较难的。比如韩国，我们要韩国和日本有很好的关系，特别是我们在韩国举行了军事演习，但是他们关系不好，我们不能指望另外一个国家完全为我们服务，当然如果有特殊的情况可以。但是日本也有他们自己的国家意志。

谁是美国的敌人？

【杨锐】在南海的战略问题上，除了对“九段线”有反对，美国持什么最基本的立场？

【马伟宁】不是反对这个，我们最大问题就是中国没有清楚地说“九段线”是什么意思，到底有什么内涵，我们不知道北京知道不知道这个问题？

【戴旭】这个问题我们上次探讨过，关于“九段线”的问题，实际上中国的立场是比较明确的，“九段线”内的岛屿都是中国的。

【马伟宁】没有说哪个岛是中国的。

【戴旭】“九段线”内都是。靠近这个岛十二海里是中国的领海，再其他的是我们的经济专属区，这是我们的立场，很明确。美国说要自由通过，你是可以通过的，这是没有任何问题的。

【马伟宁】但是没有正式地说“九段线”哪边的岛都是中国的，他们从来没有说，他们就说是他们的领海，没有正式地说这些岛是他们的。

【戴旭】美国的意思是我们中国缺少一个明确的宣布，“九段线”以内所有岛屿都是中国的，海域可以自由通过，就缺少这样一个政府声明？那简单啊。

【杨锐】是不是中国刻意搞的战略上的模糊？

【戴旭】倒不是，实际上南海问题背后的主要因素是中美，但核心目前是中国与周边小国的问题，是美国在哪个地方选立场的问题。因为中国和美国之间没有太大的争端，我们再多的领土之争，也和美国没有关系，美国就是军舰通过或商船通过的问题。中国向来说这个地方航行自由，美国坚持的也是我需要有航行自由，我的舰船不受威胁。中国已经答应了。

【杨锐】还有另外一个问题，如果我们在南海岛礁上建军事设施，美国怎么看？习主席马上要去访问斯里兰卡，到塔吉克斯坦参加上合组织峰会，塔吉克斯坦是我们陆上的"新丝绸之路"经济带的重要部分，斯里兰卡是"海上丝绸之路"的重要部分，马六甲海峡可以被美国太平洋舰队轻易封锁，中国鉴于南海安全问题上的脆弱和我们的防控维稳能力相对比较差，所以我们在印度洋沿岸跟一些友好国家建立一些联系，甚至把波斯湾的石油通过斯里兰卡港口、缅甸港口走陆上石油管线运输，绕过了南海上的纠纷，美国怎么看这个问题？

【马伟宁】我们对"丝绸之路"没有什么不满意，如果可以用新的"丝绸之路"来帮助这些国家开展贸易、经济发展，都是好事，因为好的经济会变成安全稳定的因素。我们控制不了结果，虽然我们有这个心理，但是我们不能说你可以通过、他不能通过，贸易是全球化的，我们不能说他能通过马六甲、他不能。中国担心石油安全，但是全世界石油市场上，石油离开沙特阿拉伯卖给另一个国家，在印度他们转到另外一个地方，然后左转右转，他们重要的目的是什么，这个我们也不知道，所以他们可以离开沙特阿拉伯、离开美国，他们不到美国可以到日本，或者到泰国，几次就可以改变，所以我们不能说他们这个可以到美国、这个不能到中国。

【杨锐】发生“9·11”事件那年恰恰是中国加入世界贸易组织那一年，美国抱怨中国在他们反恐十年当中实现了经济上跨越式的发展，他们享受了美国提供的海上安全保护，但是中国并没有表现出感激之情，不领美国的人情，所以提出中国要做更负有责任感的大国。因为中国老说自己是最大的发展中国家，言外之意是我们不愿意承担某些美国希望中国承担的国际责任。戴先生怎么看这个问题？

【戴旭】我觉得这是美国强词夺理。中国发展经济是自己发展的结果，不是说由于美国在这十年给了我们恩赐。这十年中美之间的经济贸易关系也是互惠互利的，我们这么多的钱都被美国借走了，我们能说美国今天的发展壮大也是中国扶持的结果吗？另外一个，你说中国不负责任，比如说在南海，你最开始提的话题，在朝鲜半岛问题上、在日本问题上、在南海问题上、在台海问题上，中国愿意做负责的大国，包括在中东、在乌克兰问题上，中国都愿意负起应有的责任。问题是美国愿意和中国坐在一起共同解决这些问题吗？如果中美愿意联合管制日本，今天日本军国主义是不会复活到这个程度的，他也不会在钓鱼岛问题上有这么大的挑衅尺度。如果美国愿意和中国共同管理南海，南海周边一些国家也不会有这么多挑衅动作；朝鲜半岛今天也不会出现这么多的问题。这并不是中国不愿意承担这个责任，而是美国愿意不愿意和中国共同解决这些地区的问题。这才是问题的关键。

【杨锐】马先生怎么回答这个问题?

【马伟宁】这个问题我不太同意你的意见。

【杨锐】你们不跟中国合作不是你们不愿意，是你们想做但无法做，为什么呢？你们有五个双边军事同盟（日本、韩国、澳大利亚、菲律宾、泰国）在亚太地区，使得你们背上冷战时期沉重的包袱，所以没办法摆脱这个军事义务，再加上军工复合体等一系列美国国内政治因素，就使得跟中国联手管理日本、管理南海问题成为空谈，不可能做到。但是美国有些政策制定者不排斥跟中国合作，因为你们希望中国成为一个负责任的大国，但是怎么成为呢？我们希望跟美国合作一块儿负责，但是美国不干，因为你们有五个双边军事同盟，所以变成冷战的延续。中国认为这是很荒唐的，冷战1991年就结束了，你们在亚太还有五个军事同盟，那么你们的敌人在亚洲地区到底是谁？因为苏联的解体，北约已经不存在共同的敌人了，没有明显的敌人，乌克兰只是一个局部问题，是点的问题不是全局性的问题，所以北约的军事功能已经大幅减弱。这是一个冷战的产物，东西方对峙的局面结束了。可是在亚洲地区没有结束，为什么？谁是你们的敌人？我们一直想问这个问题。

【马伟宁】我很理解，但是我不同意这个说法。

【杨锐】为什么不废除这五个军事同盟？你们没有一个像苏联那样危险的敌人了。

【马伟宁】我们不需要敌人。

【杨锐】不需要敌人为什么保持军事同盟?

【马伟宁】为什么要放弃军事密切关系?

【**杨锐**】因为你们已经没有共同的敌人了，没有威胁到美国根本利益的敌人了。

【**马伟宁**】我们认为同盟不需要一个共同的敌人。

【**杨锐**】军事同盟是针对军事上的敌人，针对共同的对手建立同盟，我们理解就是因为有一个敌人，才存在有军事同盟的理由。

【**马伟宁**】这是你们的理解，不是我们的理解，同盟不需要一个敌人。

【**戴旭**】没有敌人就没有同盟。中国说我们不以美国做敌人，所以我们不和俄罗斯结盟，中国不和任何一个国家结盟。

【**杨锐**】但是为什么你们要跟这五个国家保持军事同盟？中国不搞同盟你们搞同盟，所以我觉得美国是不占理的。

【**戴旭**】而美国又为何不和中国结盟呢？

【**马伟宁**】可以，“二战”的时候我们就是同盟。

【**杨锐**】那是对付日本法西斯，他袭击珍珠港了。

【**戴旭**】那是因为我们有一个共同的敌人，所以我们结成了同盟。

【**杨锐**】逻辑上的关系在这个地方。

【**戴旭**】如果中美结成军事同盟，那么中美的敌人是谁呢？

【**马伟宁**】我们不需要一个敌人。

【**杨锐**】你们不需要敌人，但是有军事同盟，这在逻辑上是不能自圆其说的，我们觉得很可笑，你们保持军事同盟是因为有共同的敌人，你们不承认有共同的敌人，为什么保持军事同盟？

【马伟宁】我们保持紧密的关系。

【杨锐】你防范谁，你建立这样的军事同盟防范谁？谁是你的敌人或者潜在的敌人？

【马伟宁】我们不需要一个敌人。

【杨锐】不需要敌人却保持一个军事同盟，逻辑上非常混乱。

【马伟宁】你认为军事同盟唯一的要求就是有敌人。

【杨锐】我拿北约的例子来说，北约因为失去了共同的敌人，所以存在的合法性就不大强了，北约基本上减弱了，你们也承认这一点。可是为什么在这边还保持军事同盟，逻辑上是一样的，所以你们不能自圆其说，美国在逻辑上非常混乱。我跟参联会副主席也讲过这个问题，他也是一笑了之，不解释、不争辩，保留在那儿，让你去猜。

【马伟宁】从另外一个方向来看，我们在美国有一个说法：“诺亚方舟”什么时候敢开船？

【杨锐】我只知道在电影里边“诺亚方舟”在西藏，中国成为世界上最安全的地方。

【马伟宁】“诺亚方舟”什么时候开船？犹太人有一个故事，他们说上帝对人类不满意，就让他们面临灾难，他找一个人做一艘船，把每种动物一公一母放上去，然后在全世界就发生很大的灾难，人类离开以后又将重新开始。但是问题是他什么时候建了这艘船，是海灾的前一天。

【戴旭】未雨绸缪等待着这个敌人出现。

【杨锐】预防性的。

【戴旭】预防性的。那么现在是预防问题重要，还是现实问题重要？你眼下已经制造了这么一大堆敌人，你为什么不想办法从敌人当中选出那些对美国威胁最大的敌人？“伊斯兰国”、日本军国主义复活，其他问题也都在出现，可是你还在等待想象中的敌人，现实敌人已经有一大群了。

【杨锐】用同样的逻辑，防范式的外交、防范式的军事部署，可为什么大规模撤离了在欧洲驻扎的军队？

【戴旭】这也反映出美国面临理论和现实的冲突，他没有办法自圆其说，表现了美国的战略也是这样，言行不一。正是这样一个言行不一，第一次打击本·拉登恐怖活动中，由于美国并不是真心实意反对恐怖主义，导致了随后很多问题的发生。比如说2003年，其间萨达姆和本·拉登没有任何恐怖主义行动，你去打萨达姆。打了萨达姆导致今天出现了“伊斯兰国”。

【杨锐】对啊，而且你们相信的“第五纵队”是谁？是萨拉比。这个人是伊拉克国民大会的一个流亡在欧洲的反政府人士，这个人后来欺骗了美国，这就说明什么问题？说明有些“第五纵队”不能被轻易相信的，因为他们是为了自己的利益。

【戴旭】美国有时候为现实的目标而现实利用，利用完了又把他们锁定为敌人。

为何美国拒绝改革？

【**杨锐**】美国情报有一个巨大的失误，因此发动伊拉克战争，导致自己的被动。

【**马伟宁**】对，这是不可否认的。

【**杨锐**】而且还有一个后果是伊拉克没有解体，但是库尔德在伊拉克北部的崛起又得罪了你们北约盟国土耳其，土耳其跨境打击库尔德，他们把库尔德独立视为非常敏感的话题，因此你们在伊拉克问题上一错再错。

【**戴旭**】应该说中东的局势比那个时候更复杂了。

【**杨锐**】最大的问题是把萨达姆干掉了，这边伊朗起来了。所以我们很同情美国，我们不想与美国为敌，但是美国却一直把中国当作不可信任的一个战略伙伴，小布什还把战略伙伴变成战略竞争者，使得中国一再想为什么美国不信任中国，我们是美国最大的海外债权国，买了1.4万亿的美债，美国还不信任我们。

【**马伟宁**】中国也不信任美国。

【杨锐】恶性循环，因为你不信任中国，由此演变到美国拒不革新自己，他拒绝改革、拒绝革新，对不对？你又回到两党争执，所以也许我们退一步讲，想把美国作为一个民主的榜样，但是美国在这方面一错再错，笨拙的行为让这些很尊重美国民主的精英感到非常非常的失望。

【戴旭】美国拒绝改革最大的体现就是在冷战结束以后没有改变他的冷战思维。

【杨锐】我们讲的五个军事同盟就是拒绝改革，拒绝改革就把中国这样一个朋友和盟友推到了你们的对手那一面，这是美国犯的巨大错误。

【戴旭】也许美国并不这样认为，但是美国的思维让人产生这样一个印象，可以说冷战以后中国彻底改革开放，彻底跟以前的做法不一样，无论是政治还是经济，方方面面做法都不一样。而这个时候全世界没有改变思维、没有改变做法的就是美国，他们按照冷战的思路继续逼压，把本来成为朋友的地方全部变成敌人。

【杨锐】对，把我们推到对立面。

【戴旭】不光我们，还包括俄罗斯、伊斯兰世界。

【杨锐】叶利钦特别想拥抱西方的价值观，他后来发现不对。他是想拥抱西方的。美国处处放弃不了冷战思维，把潜在的朋友和合作伙伴步步推向自己的对立面，所以我不能理解美国。

【马伟宁】冷战之后我们没有改变我们的想法与思维，我们跟几个国家有不同的关系，如果你通过冷战理论来看全世界，可以理解有一些好像是冷战思维，但是冷战时期已经过去。

【杨锐】冷战过去，冷战的军事同盟还在，而拒绝改革冷战时的军事同盟，所以我不明白你的逻辑到底在哪儿，你不能够说服我，可能更说服不了戴先生。

【马伟宁】我个人认为盟国不应该威胁其他国家，我们必须想办法改变，第一是他们需要改变他们自己，因为他们符合今天世界的需要；第二就是如果我们要让中国跟今天的世界结合起来，我们需要想办法满足他们的要求，这是很自然的事情。

【戴旭】为什么美国不能自圆其说？尽管中国付出了足够的诚意，而美国始终不愿意和中国搞好关系。原因在于，不久前奥巴马的讲话已经说过了，美国要领导世界一百年，那么他是以世界的领导者自居。说白了，按中国的话来理解就是帝国思维，他在全球并不是在推广什么民主，而是让你们都服从他的领导。这个时候有些国家不服从美国的领导、不服从美国的安排，因此美国就要压制你、控制你、包围你，乃至肢解你、瓦解你，他是这样一种心态。我说美国正在创建中国两千年前秦国那样的帝业，但是他也会犯秦朝那样的错误。

【杨锐】陈胜、吴广揭竿而起后，秦朝的生命力非常短暂，最强大的秦国恰恰在最短暂时间内就彻底崩溃了。

【戴旭】今天出现了这么多反美国的力量，包括“伊斯兰国”、包括叙利亚，你不能说叙利亚就是伊斯兰组织，但他也是反美的。这些反对他的，就跟秦朝末年天下大乱的现象非常类似，美国靠他强大的武力可以把控全世界，甚至可以建立自己军事意义上的帝国，但是又不能征服他们的思想、不能征服他们的文化，所以在现在这种作用力与反作用力下，遍及全世界的反美浪潮可能会冲击美国的帝业。

【杨锐】所以我们很多朋友一致认为美帝国的傲慢和自满使得他拒绝改革，故步自封。中国共产党不是美国那种方式选出来的，你们质疑他的合法性，但是我们认为中国共产党超越了党派的利益，有这么一个政治力量代表着中国不断反思自己、不断锐意改革。如邓小平这样的中国领导人都把美国作为外交的重中之重，但是由于美国非常傲慢、非常自满，你不跟我做朋友，你不相信我，我只好去找一个相信我的，跟我结成一个保护我自己的联盟。因为你要把我当成敌人。所以美国为什么要把中国当敌人？你不承认当成敌人，但是我们没有安全感。

【戴旭】实际上美国对一些友好国家是不同的，比如说澳大利亚、日本，但是为什么在中国、在俄罗斯周边是这样？本身还是敌意的证明。可以说美国对中国采取的做法，中国对美国一个都没有。中国没有搞同盟包围美国，中国没有在美国周边驻军，中国也没有在美国周边搞侦察。我相信，中国强大后也不会，因为这是由中国国家战略目标所决定的，中国没有世界帝国野心。明朝中国有这个实力的时候，他不过也就是开船到世界巡游几圈而已，他没有建立世界帝国的想法。中国的文化传统不支持，文化这个东西看不见，但影响巨大。

【杨锐】你让历史去告诉未来，这一点我表示怀疑，郑和的事情不能解释中国的未来，这就是美国的超现实主义，他们认为中国不令人放心，再加上意识形态问题，他不承认意识形态，他不承认冷战思维，但实际上就是这么回事。

【戴旭】中国的意识形态实际上是和平意识形态。

【马伟宁】意识形态方面不是很大的问题。

【戴旭】目前，主要问题就在于美国要当世界的统治者，他在对这些有潜力、不服从美国管理的国家进行削弱，这是一个管理问题，是美国对世界的管理问题。美国的眼中不光有一个中国，还有俄罗斯，还有潜在的日本，甚至潜在的德国，以及潜在的伊斯兰世界，他是管理世界的问题。这个时候美国不光压制中国一个，谁对美国造成威胁，美国就压制谁。俄罗斯跟美国是一体的吗？伊斯兰世界会吗？伊朗会吗？叙利亚会吗？都不会。所以美国在全球范围内是以一个管理者的思维在看世界。

【杨锐】这些国家都太弱小了，构不成对美国真正的威胁。

【戴旭】但美国也要打掉他，因为毕竟他不按照美国的意图来。

【杨锐】美国认为他们是流氓。

【戴旭】打击的方式有所不同，比如他对中国是遏制防范，对俄罗斯也是这样挤压，都是控制你的发展潜力，但对其他他认为的所谓“流氓国家”是直接打掉，对有一些国家美国采取的做法比较复杂。比如说朝鲜，为什么美国原来非常关心朝鲜核武器发展，现在突然不管了？还有一个重大问题，为什么美国支持日本解禁集体自卫权，之前却一直表示反对？

【杨锐】1972年尼克松访华，毛泽东问尼克松，为什么制定美日安保条约？尼克松说这是防范日本军国主义崛起。如果解禁日本集体自卫权，是不是这个就要被废掉了？废掉之后日本要拥有核武器，这是不是一个“双刃剑”？你承认不承认美军驻扎在日本实际上也是对日本的一种防范？

【马伟宁】我个人认为有那么多的美国军队在西太平洋，对全亚洲有稳定的影响，他们有安全感，目标不是为了遏制他们，就是让他们有一个安全感，我们不要干涉他们国内的问题。

【杨锐】但是安倍晋三参拜靖国神社的时候，肯尼迪大使提出抗议，科瑞打电话表示批评，你这就是干涉内政。

【马伟宁】我们不是支持他们，我们不满意，但是要想其他的办法。

【杨锐】鸠山由纪夫要把美国海军陆战队赶出普天间，你们又干预了，结果不久他就下台了，不能不说美国在幕后做了一些动作。

【马伟宁】今天的世界跟那时候不一样，今天的世界媒体消息的传播，会有一些不同的结果，所以我个人认为这方面会有一些麻烦，不要他们增加或者改变他们的想法。我个人认为不必要，这是国内的政治目标。

【戴旭】美国之前一直表态不支持日本解禁集体自卫权，今年（2014年）以来，安倍参拜“二战”战死军人，这就是明显地在给“二战”翻案。美国的高官也跟着祭奠。匪夷所思，也意味深长。

戴旭、马伟宁第四次对话

马伟宁： 美国人越来越多地研究“一带一路”。为什么我们有航空母舰在中东？因为我们有利益在那边。我们不知道解放军会不会做和美国军队一样的事。

戴　旭： 我们成立“亚投行”，而不是“一带一路”司令部，这就是中国的和平发展意图。

我“教导”白邦瑞先生，想通过他教导一下美国如何当一个“帝王”，一个好的世界管理者。“天下之患不在瓦解而在土崩”。土崩之势一旦形成，美国虽有“强国劲兵”也用不上，会被抓住。

“一带一路”与中美关系

【王文】这次讲座的主讲人马伟宁博士是一位非常特别的人物，特别在哪里呢？他和中国有很深的渊源，他是美国海军学院的语言和文化系副主任，也曾经在美国的海军陆战队担任过中校，2003年到2005年在上海复旦大学修习博士学位，是复旦大学国际关系学院的博士。还有一点和中国有很大的渊源，大概三年前的这个时候，马伟宁博士和我们今天的另外一位嘉宾戴旭大校在《环球时报》上曾经做了一场非常引人注目的辩论，当时的主持人就是王文院长，当时他是《环球时报》社论的编委，那场对话被誉为“中美两军‘少壮派’之间的辩论对话”。可能令很多看客失望的是，辩论中不仅两个人没有吵起来，反而达成了很多的共识，当然，其间也不乏立场鲜明的交锋。从此以后马伟宁博士和中国的渊源更加深厚。

马伟宁博士曾经还有一个身份，就是在美国的海军陆战队担任“红队”指挥官，“红队”可能很多人理解，就是在美国军队中扮演各种角色，当然包括美军的假想敌。所以，今天讲座的信息发布了以后，有人就问我，你们为什么要请这么一位敏感人物过来做这么一个讲座？我的回答是，我们希望能够有更多的交流、更多的“走出去”、更多的“请进来”。今天我们可以说是名正言顺地把马伟宁博士请来给我们做讲座，而且我们邀请马伟宁博士成为人民大学重阳金融研究院的外籍高级研究员。

我在报社工作的时候，我们因为一个机缘成了很好的朋友，我们个人层面上非常地信任，关于中美关系我们有很多的信任。我说我们争论多一点，中美就不会打起来。坦率讲，现在中美关系还是很敏感的。今天我们著名的戴旭大校来了，两年前你和伟宁兄也有很好的交流，今天也希望有更深入的交流。但更重要的是，我们希望马伟宁博士能够成为中美之间至少是军事和安全方面的使者。所以，我聘请马伟宁先生成为人民大学重阳金融研究院的高级研究员，我们的高级研究员有中方的“少壮派”的军官戴旭先生，有美方的“少壮派”的军官马伟宁先生，这样的级别，这种有意识的组合，在全世界任何一个智库都是没有的。

现在我们就有请伟宁先生进行他的演讲。

【马伟宁】首先，要谢谢人民大学重阳金融研究院发给我这个聘书，并且邀请我到这里来，我很感动有这么多的专家到这里来。特别是我很好的朋友王文院长请我来，还有我的老朋友戴旭先生，所以我把这作为一个任务。

今天我要谈的主题是“一带一路”，但美国人认为“一带一路”是代表中国宏观的经济发展计划的一部分，所以，不光去看“一带一路”，也有另外的因素在里边，也包括AIIB（亚投行），所以今天主要是这样一个主题。

首先，我不是代表海军学院、美国政府、美国海军陆战队，基本上都是我自己的看法，所以不能说是海军学院的说法，或者美国国防部的官员说了什么。都是我个人的想法。

“一带一路”，我用几分钟来谈一下，美国人还不太理解“一带一路”，特别是在普通民众中基本上没有听过这个词，但是在政府方面、在国防部，因为我比较了解国防部，越来越多的人去谈“一带一路”。第一次这个词出来的时候我不知道这个词是什么意义、有什么目标，但经过这两年，我们看到中国政府在慢慢实现“一带一路”的一些工作，所以，美国越来越多的人也开始研究这方面。

我个人对“一带一路”是比较乐观的，我认为中国已经突破了发展中国家，在经济方面、军事方面已经成为全世界的一个大国，已经是占有一定地位的国家，所以，他们现在就要帮助发展中国家，同时也对全世界的贸易和经济都有贡献。好处是，中国不管其他国家国内的事，其他国家国内的事就是他们国内的事，我们国家就是我们的，不像美国，美国影响其他的国家。所以，中国可以和其他的国家有很好的关系，这些国家也很听中国说的话，有时候他们就不听美国的。我个人认为，中国开始做这样一些事情，其实是非常好的，对中国有利，对其他的小国家有利，而且对全世界的贸易经济有利，所以，这也可以给美国方面带来一些好处，因为贸易也好、经济也好，对每个人的生活都是很好的。

而且，我想在AIIB方面现在有57个国家响应，虽然不包括美国，但有一些西方的国家，英国、德国等我们的一些盟国要响应，这也是一件非常好的事情。因为在美国，特别是保护派和国防部里面，有一些人认为中国现在在国际上的一种意识形态，就是新商业主义，所以他们就担心中国要到那里去，不是帮助他们发展。但是AIIB很明确地表示，中国没有这样的目标和这样的做法，他们就想发展他们的国家，在他们国内，对中国有好处，对其他的国家也都有好处。这也是一个好事。但是，我们不希望加入AIIB。在5月份他们刚刚召开一个会议，希望他们未来一两年实现AIIB的工作，就可以慢慢地克服在美国遭受的一些抵制。“中国有新商业主义”，在美国方面就开始描述这样的想法，我个人认为中国并没有这样的目标，但我很难说服我在国防部的一些朋友。所以，中国就开始和其他的国家，特别是包括西方的国家做这样的工作，这是非常好的。而且不光在经济方面，在军事和国际关系方面也有好处，因为美国有一种担心，中国的目标是什么？中国就很快地开始说，但说的通常没有意思，或者有一点意思，做的事情是最重要的，所以，中国就开始做这样的事，还可以克服美国在这方面的抵制，对经济关系和军事关系都有好处。

从宏观经济来说，虽然“一带一路”基本上是中国的一个提法，但也包括其他国家。我们看中国是不是按照现在的国际系统、国际法律、国际传统做事，可以帮助我们去理解中国要做的事，特别在各方面都可以用这样的做法去要求美国，在军事方面也会有一点贡献。

通过这样的经济发展，不管在中国国内还是在国外，在中东、在中亚，也包括东欧，通过这样就可以慢慢发展他们自己，而且也可以把中国的市场、中国的贸易和货币慢慢国际化，越来越国际化，对中国在这方面也有意义。因为中国越来越融入现代国际体系，对美国也有好处，如果全世界每个国家都同意，都响应国际的办法，比如联合国、IGN这些类似的组织去做事，那就对全世界各个国家都有利。我们就不要打仗、不要冲突，不会有一些危机或者矛盾发生，我们就可以相信，你不要派你的军队到我们这边办这些事，就通过其他的方法和组织来完成，这在军事方面、和平方面也有很大的贡献。

如果谈“一带一路”具体在军事方面的影响，这个现在可以说是不一定吧？因为还没有正式地开始，都是最早的一些设想。但是我们国防部有一些研究员在研究和谈这个，因为中国到现在为止有非干预、非干涉政策，所以，美国人特别是在国防部里边的人认为中国军队没有打仗，或者很久以前打过仗，而我们就经常打仗，这就给我们军队一种培训，中国军队没有这种培训，所以，我就不知道“一带一路”是不是要让解放军在国外做这样的事。中国有“一带一路”就把他们在国外的经济利益发展起来，意思就是如果你没有利益在国外，你不会派你的军队到那边去，但是你在国外的国家利益越来越多，有可能要派你的军队到那边去，这是从美国的角度来看。这是为什么我们在中东一直有航空母舰在那边，因为我们认为有国家利益在，所以我们一直有军队在那边，不知道中国人有没有这样的想法。

所以，中国有“一带一路”发展他们的贸易经济，特别是在国外的贸易经济的关系和利益，是不是要有负面因素来帮助中国的解放军发展他们自己的能力？因为我们说在非洲有海盗，中国也派军队到那边去，他们有一点难，特别在过境方面，在食品、石油供应等，如果你不是在本土里面，你在国外，这些事不是特别容易解决。中国近年来一直在国外发展经济、伙伴关系，这基本上是中国第一次在那么远的地方，派他们的军队到那边去，而且他们在那边已经好几年了。通过这样的经验，虽然不是军事化，但到那边去可以受到这样的培训和发展他们自己的能力，这对于中国未来打仗的能力有什么影响呢？也不一定，但是我们在讨论，所以，“一带一路”虽然是经济的，没有军事在里面，但这个结果就可能有一些影响，不能说是好的或者坏的，但是就有二层、三层的影响或者其他的因素在那边。

在发展中国家，他们的基础设施在发展的过程中，不管谁帮助他们，对美国都有好处，因为美国人都要在国外做生意做贸易，所以他们的国家越来越好，就能给我们带来好处，我们没有什么理由不让中国做这样的事。而且因为中国和其他的西方国家要一起做这样的事，所以，我个人认为这就是AIIB和“一带一路”合起来的好处。

9月份习近平主席访美，我个人认为这是非常好的机会，他可以利用这个机会给美国人讲一下“一带一路”的重要目标是什么，做法是什么，意图是什么，还有什么要克服的挑战，因为美国的普通民众不知道“一带一路”这个词，或者就知道是中国的一个新词，但不知道是干什么的。所以，如果他在访美的时候，可以说服美国人这不是不好的事，这是非常好的事，对全世界都是一个好的事，这是一个好的机会。因为你一开始就听到，我们在英语里说第一印象是最重要的，如果第一印象是很好的，就很难改变成不好；如果第一印象是不好的，你必须要很努力才能改善。所以，如果他在美国就可以说，不应该是简单的，应该是坦率地说，我们的目标、意图和做法是这样的，这是对两国关系非常有利的一个地方。

现在我知道美国政府官员中有一些人，他们就担心中国建立他们自己的组织、自己的政策、自己的体系，比如说货币贸易问题，美国人就担心，看中国人做的事，因为他们不知道中国到底有什么目标，很坦率地说，这个政策到底有什么作用？这是为什么美国人，特别在国防部或者军队里面，有很多人去看了"一带一路"或者AIIB就觉得不舒服，因为他们不了解中国。第二，不了解中国的目标，真的是经济的目标，还是帮助他们发展全面的实力。所以，在美国的军队看来，很难把这两个东西分开，我们认为经济帮助发展军事，军事帮助保护经济，这是很密切的关系，所以可以说这是一种经济的计划和做法，但美国的一些官员和军官都认为这个是一致的，按照美国人的角度看这是很密切的关系。

但是宏观来说，我个人认为"一带一路"的做法，对亚洲国家、非洲国家、欧洲国家都有好处，好处是可以让他们发展，发展他们的贸易、他们的基础设施，发展他们的经济，而且对全世界都会带来很多贡献。因为如果人们在生活上越来越稳定、越来越满意，就会避免一些冲突发生；如果他们经济不好、生活不好，就会不满意，恐怖分子的增加，或者是非政府组织就要挑起来，这对我们两国都没有什么利好。所以，通过这些国家的经济发展，还可以使他们的政府执政能力方面越来越好，也有好处。

【**王文**】我刚才也提到了，大概在三年前有一个中美两军"少壮派"之间的对话，今天我们也特别请到了当年对话的中方的"少壮派"代表戴旭大校，今天他仍然很少壮，现在请他首先点评马伟宁先生的观点，也算是又一次对话。

【**戴旭**】谢谢主持人和王文兄，也因为王文兄的关系，我和马伟宁先生也成了好朋友和老朋友。刚才听了你对"一带一路"的新的观点。在之前和你的对话中，世界的热点问题，包括国内的热点问题都差不多谈了，就"一带一路"这个话题没有谈，现在补上。

我刚才听了你的演讲，不管你承认不承认，我认为你还是代表了一部分美国人观点的，因为你本身就是美国人，即便你不是政府发言人，但还是代表了一部分人，哪一部分呢？我认为是对中国充满善意和理解的那部分美国人的观点。因为在今天见到你之前的两个星期，我刚和你们美国的另外一种人的代表进行了一个会晤，就是你们著名的白邦瑞先生，在你们美国比较有名气吧，服务了美国的八任总统，是好几期《中国军力报告》起草的主要负责人，他被有些中国人称为"美国第一鹰派""最好斗的鹰派"，他把我们的合影命名为"两头鹰"。

他的观点和你的有些观点不太一样。美国对华本来就有两种人：一种是了解中国或者想善意地了解中国的这样一些人，我认为伟宁你属于这一类的，我接触过几回都是这样，在一些对话中都是在讲道理的氛围下进行的，今天大家听了以后也是这样一种感觉。他理解"一带一路"。首先他认为"一带一路"这是有利于世界贸易的、有利于周边发展的。并且他认为中国已经走过了发展中国家的阶段，要走出去帮助一些小国家。尽管这方面我们官方也不一定承认说我们现在不是发展中国家了，因为中国发展不平衡。走出去要帮助一些国家发展这是真的，确实想帮助其他一些国家，这也是中华文化一个典型的特点，自己好了就要去帮助别人，尽管我们还不是完全达到"好"的程度。在我们的外交政策中有一个睦邻、富邻、亲邻的表述，"一带一路"是我们外交政策的直接体现。如果说它有外交的意义，主要在这里。

我们怎样才能实现睦邻和富邻呢？就要通过经济的手段。但是你刚才讲到了"一带一路"与军事的关系，这就是你们美国人的思维特征，对所有人的做法和想法都从最坏的角度着想。可以说在中国没有人把“一带一路”和军事扩张联系起来，连这个想法都没有，但在美国恐怕你们看的主要是这个问题。你最后提了几个问题，在我们习主席访问美国的时候向你们解释几个问题：“一带一路”的主要目标是什么？意图是什么？做法是什么？这不光是奥巴马总统想要知道的，这也是你们美国的一些政治家特别是美国的军队想知道的问题。这些问题我们在国家政府直接宣示过的“一带一路”的路线图里已经讲得非常清楚了，“一带一路”虽然是作为我们的国家战略，但主要还是一个经济发展计划。现在也有中国学者认为“一带一路”是中国版的“马歇尔计划”，当年你们实行“马歇尔计划”的时候，没有一个中国人说你们这个计划有什么军事意图，说实话中国人对你们要做什么不感兴趣。

白邦瑞先生写了一本书，让我给他写序言，也请我们的领导给他写序言，他的书名叫作“百年马拉松”，他说的意思是中国和美国要和平竞赛，不要竞争，中国要想当第一，不要通过军事行动和打仗，他的意思是如果你通过和平的经济发展的手段取代美国当第一也是可以的，他说了友谊第一、比赛第二。我当时说了一句话，中国根本没有这个想法！这就相当于一个老人在公园里悠闲地散步，一个小孩非要跑过去跟他赛跑，这个老人根本没有跟你赛跑的意思，这个小孩非要过去跟他争冠军。我跟他讲，我说中国没有和你“赛跑”的意思，是因为我们已经当过“帝王”了，你们美国一个王朝都没有过完，我们已经过了几十个王朝了，所以你要跟我比赛，我本来就是个长跑冠军，很久以前就是，你跟我跑什么呢？所以，你这个书名在我们看来很可笑，因为没有人和你比赛，你一个人跑就是了！所以，这里面不存在比赛第二，我们根本没有和你们竞赛，但你们总是抱着这样的想法，所以，咱们双方的思维方式的差异可能是一个大问题，就是怎样看对方的问题。

比如，你看你想的这些问题，我们中国人就没有考虑，“一带一路”的目标就是共同发展，中国发展了，别人也要发展，这就是我们的目标。意图，那就是我们好了大家都好，还有什么意图呢？做法就是这么做的，你看我们成立了亚投行，而不是成立了“一带一路”司令部，这不是做法嘛。你看你们美国成立非洲司令部、欧洲司令部，我们没有吧？我们的司令部全部建立在我们的本土上，这就是做法，还要什么做法呢？我觉得习主席访问美国的时候，恐怕也就是说这些东西，因为我们不可能编一个其他的东西，本来就是这样。所以，中国一直是言行一致的。

的的确确，前面我讲的和白邦瑞先生说的话也是真实的，我们中国根本没有这样的想法。我们为什么不和你们去竞争当“世界帝王”呢？当“帝王”非常麻烦，那么多国家都不满意，想要推翻你，我们现在真的没有那个想法，那个麻烦我们早就经过了，现在你们正在麻烦，一边在伊斯兰世界、一边在乌克兰、一边在其他地方焦头烂额。你看我们多舒服，我们搞我们的“一带一路”，到哪个地方人家都欢迎我们，因为我们去的不是军队、不是坦克、不是飞机。所以，我们对世界的看法不一样，互相之间的文化不一样，思维方式也不一样，导致了一些误解和不理解也纯属正常。

对白邦瑞先生，他在美国对中国的“鹰派”多有攻击，特别是对我本人，但经过那次谈话以后，他的观点彻底改变了，那天我“教导”了一下他，主要是想通过他“教导”一下美国如何当一个“帝王”，如何当一个世界的好的管理者，因为这个只有我们中国能做得到，只有中国有这个资格，中国是最早建立地区帝国的国家之一，它有经验教训。我说你们作为一个国家还很年轻，还没有尝过当“帝王”的味道，也没有经历过当“帝王”的麻烦。我就把我们老祖宗当年的体会送给你，希望对你们有所帮助，他后来觉得确实很有帮助，因为我们的老祖宗很聪明。当时我送了他三句话，这里耽误几分钟，我把那三句话简单讲一下，他后来认为这三句话比较有道理。

我说你们要想成为“世界的帝王”，你们要注意我们老祖宗的体会：“天下之患在于土崩，不在于瓦解”。当时他不理解这句话什么意思，我说你看你身后。他往身后一看是颐和园的一个古老建筑物，这个建筑顶部有很多的小瓦片，我说中美关系就像这个房顶，今天你们找我们一个麻烦，明天你们找我们一个麻烦，网络冲突啊、汇率啊，都是你们找我们的事，不停地把瓦片一片一片地往下扔。这就是“瓦解”，但这没关系，你不用担心，因为这个房子有很多瓦，中美关系有很多的问题，你找一个麻烦就是一个麻烦，中美关系不会崩掉。但最重要的是“土崩”。他说“土崩”是什么意思？我说土崩就是地震，你看不见，但它突然来了，一下子你就没了，他马上就明白了。我说你看得见的危险都不叫危险，比如中美关系咱们有什么问题你看得见吧，这个没什么问题，你看不见的危险要了你们的命。比如“基地”组织，比如“伊斯兰国”（以后还会有日本的军国主义复活）。

“土崩”这个态势是怎么造成的呢？我说我们老祖宗还有一些话：第一，“民困而主不恤”。老百姓很穷困，但你们作为领导不体恤他们。美国人现在以世界领导人自居，世界上那么多的贫困地区，你们不去体恤他们，我们的“一带一路”就是去体恤他们的，尽管我们还不是世界的领导。第二，“下有怨而上不知”。就是下面老百姓有怨言，上面的领导阶层不知道，你看现在很多人都骂你们，你们并不知道，这就麻烦了。第三，“俗已乱而政不修”。风俗风气已经乱了，可是你们还不去检讨你们自己的政治。这三条原因会导致“土崩”。

我跟他说，你最重要的是记住第三句话，作为美国政治家和美国的领导人，“土崩”之势一旦形成，“虽有强国劲兵，不得旋踵而身为禽矣”。“土崩”之势一旦形成以后，你根本来不及迈腿，你就会被抓住。你们美国很厉害，美国军队也很厉害，对吧，但“土崩”之势一旦形成，你们这个军队用不上了，你们会被抓住。因此，你们要想作为世界的“帝王”和领导，我就说我们的老祖宗这几句话你们学会了，就知道怎么办了。

他说我看过你们的《资治通鉴》，我说那里面很多都是阴谋诡计，不足为凭，我送你的那本书才是“帝王之道”。因此我就说中

国人有这么丰富的文化，两千多年，是你们历史的十倍以上，从管理世界的经验方面，我们的这些经验足够全世界想成为世界领导的这些国家学上一阵子了。

第二个就是中国人在一些大的方面光明磊落，它不像一些小的国家，比如说日本通过安保法案说了很多鬼话，他想干什么我们实际上都知道，尽管中国人不说。所以，后来我跟白邦瑞先生说，上次我跟伟宁也是这样讲的，我说中国和美国，就像两个大人，你看两个小孩儿经常打架，两个大人很少打架。咱们能谈就谈，不能谈就打，没有关系嘛，打完再谈。白邦瑞先生说，不打不打。我说没有关系，我们中国打的仗太多了，无所谓的，几千年整个就是打过来的，这个没关系。但是，咱们必须先要把话说明白、说清楚、说透彻了。我不喜欢日本人，他们打的时候不吭气儿，偷袭，不光明磊落。我们的抗美援朝说打就打，双方打个痛快，打完以后还做朋友，以后也是这样。所以你提的问题都不是问题，咱们都应该把它提出来说透，如果到时候这个问题谈不拢，商业上谈不拢合同不签署就完了，军事上谈不拢就开战，打一仗无所谓。但为什么战争大家都要避免，因为这是非常不好的事情，中国人虽然不怕战争，但也非常反对战争。所以，从这个角度来讲，对“一带一路”，我现在想了，一个是前面我说的，我是希望马伟宁先生，因为你毕竟在美国也是属于非常权威的一个知华派，能够通过你们这群人的努力，当然我们也会共同努力，使你们另外一拨人对中国还是要有一个正确的理解。中国是什么样子的，过去六十多年我们已经证明了，从新中国成立到现在都是别的国家找我们的麻烦，中国没有主动地找别人的麻烦，我们历史上也是这样，我们是一个爱好和平的国家，不是说说而已。我们现在做的这个事情，中国经济发展了这么多年，发展到了这样一个阶段，它实际上是我们改革开放的第二个阶段，就像最初开始我们叫作开放，实际上沿海开放了，现在到了这个阶段，要向我们的周边走了，中国有了一些能力，一些方面生产能力也过剩了。具体来讲，你一到中国就知道盖的房子太多了，现在突然房子不盖了，盖房子的设备和人怎么办？就麻烦了，我们先去帮别人干，你看印度和其他那些国家，他们的房子破破烂烂，他们的公路坑坑洼洼，我们就去帮助他们一下，让他们和我们一样住好一点的房子，走好一点的路，这是一个直接的考虑，经济学家讲把我们过剩的产能先要输出，这是一个好现象。经济上讲自然规律，政治上讲这是我们的一份好心意。所以，我认为美国在这方面不要有过多的其他的担心。

我倒是有一个希望，你们当初搞“马歇尔计划”，整个欧洲是对接和配合的，因此你们的计划搞得非常成功，也帮助欧洲发展起来了，这个欧洲应该是感谢你们的，后来又帮助了日本，你们美国既然有这个能力，为什么不和中国一起帮助那些国家呢？你们为什么不加入“一带一路”，大家一起帮助那些国家呢？我觉得中国在这方面是一个开放的态度，如果现在美国宣布也加入中国的“一带一路”计划，我认为十三亿中国人民都非常欢迎，这是一件造福于世界的好事情，这件事情你一旦做了，像你们现在解决不了的问题，战争解决不了的问题，可能经济就可以解决，发展就可以解决。你问的这些疑惑我认为我已经基本给你解答清楚了。

我也有疑惑，那就是你们美国为什么不加入我们的计划，你们如果率先加入了，在你们影响下的“小兄弟”，包括日本和其他的国家都加入这里面，我们不仅欧洲这个地方没有什么太大的问题，连东亚的很多问题都可以解决，包括在中国周边，一天到晚给我们调皮捣蛋的这些小国家，这些问题都会迎刃而解，至少你们可以参与我们“一带一路”中的几个局部。我们“一带一路”有几个方向，一个是海路往西走，一个是陆路往西走，但我们还有两条路向南走，它至少是往四个方向走，至少在美国感兴趣的地区，我觉得你们可以加入到“一带一路”。你们的很多做法我感到非常不理解，比如亚投行你们为什么不加入，还要拉着其他人一块儿不让加入？不够大气，这不是一个想当世界领导人的国家应该有的气度。所以，伟宁先生，希望团结起来你们的一批有远见卓识的人和中国一起，我们不是说说而已，要在这个具体的事情上做一些实实在在的工作。你们对这件事情的疑惑是因为你们不加入，你们加入了成了其中的一分子就没有疑惑了，因为大家在一块儿开会讨论事情，还有什么不明白的呢？你们要加入我们可以成立“一带一路”工作委员会，我们有什么意图大家可以讨论，就像亚投行一样，有什么不可以呢？有时候中美战略对话中，来了很多的专家都扯一团概念，没有什么太有价值的东西，我觉得刚才我那个提议还是比较有价值的，成立一个“一带一路”中国委员会，美国加入、欧洲加入，俄罗斯这些世界重要的力量加入。今年是世界反法西斯战争胜利70周年，当年我们几个大国坐在一起，英国、美国、苏联、中国坐在一起，我们把那么大的事情都干成了，今天同样的这些国家，英国、美国、俄罗斯、中国坐在一起，当然日本让他坐得稍微远一点，咱们依然还可以解决今天的大问题。你说今天的问题难道比法西斯的问题还大吗？没那个问题大吧？为什么我们今天不能坐下来呢？当年的这些战胜国，咱们这些人还可以坐在一起，重新探讨影响世界和平发展的重大问题，当年既然连法西斯这样大的问题都可以把他们打败，还有什么问题解决不了呢？更何况我们当年还是战友，还是好朋友，我们和敌人之间的问题都解决了，为什么现在的这些不能解决？所以，现在，我代表我个人的意见，向你们的领导人发出邀请，参加我们9月3日的阅兵。

不仅是这样，趁现在纪念世界反法西斯战争胜利，双方的学术机构、双方的军人之间像当年那样、像朋友一样坐在一起探讨问题，探讨实际的问题，有哪些问题你们解决不了，你们说出来，中国人还是很仗义的，哪些我们解决不了的，你们也不要胡思乱想了，能帮忙的也帮忙，还像当年那样，只要从朋友这个角度出发，没有大不了的，都可以解决。所以，你刚才提出的问题都是很真诚的。每次我和伟宁对话，都感觉到伟宁很真诚，一个是刚才说了属于美国的那些比较讲道理的那批人，可能军人性格决定了他们比较讲道理，因为双方的人能够多加强交流和沟通，有哪些问题多沟通。既然都在王文院长的地方，我们的事情都沟通起来了，假如美国也进来就像上次开APEC（亚太经济合作组织）会议一样，也都围坐在我们的习主席身边，共同讨论，那事情不就非常容易了嘛。

【马伟宁】你说的话很有道理的，我一直希望有这样的交流，我们要深深地了解中国人怎么看。基本上的看法，第一个是理解，你的看法我个人同意。我们谈AIIB的时候，这方面的进程，美国人完全不了解，美国人第一是不响应；第二是反对。无论我们参加不参加，符合不符合我们国家利益，也可以说是无所谓。但是反对并没有什么必要，而且我们反对那么厉害，不知道在国外有什么样的声音？但是在国内就比较强烈地反对。如果美国、德国都参加，如果按照中国文化来看，就是有面子吧。所以，没有什么必要的，我们如果不参加，也无所谓，但哪怕我们强烈地反对，只有我们和日本不参加，这就没有什么意义在里面。我们基本上在AIIB没有什么，因为我们自己不理解，在经济方面唯一的原因，我个人认为就是一种借口，中国不一定要按照现在发展中国家，或者在国内方面要不要做，比如说IMF（国际货币基金组织）这种类型的传统要不要干涉。我们的看法有了，如果我们不在的话没有什么影响，如果你担心你应该参加。他们坐在一起谈谈事，我们反对，但是在外边反对没有什么意思，但如果在里边，我们都是伙伴和成员的时候，我们就可以谈一谈，慢慢地改变，但如果美国在外边，我不理解为什么还没有参加那个（亚投行）。

图书在版编目（CIP）数据
戴旭与美军“中国通”的战略对话 / 戴旭、马伟宁著 .
—北京：国防大学出版社，2016.1
ISBN 978-7-5626-2365-6

I. ①戴… II. ①戴… III. ①中美关系 - 研究 IV. ① D822.3

中国版本图书馆 CIP 数据核字 (2015) 第 264273 号

说明：本书个别图片来自网络，如需支付稿酬请与出版社联系。

戴旭与美军“中国通”的战略对话

戴旭　马伟宁　著

出版发行 | 国防大学出版社
地　　址 | 北京市海淀区红山口甲 3 号
邮　　编 | 100091
电　　话 | 010-66772856　010-58678881
特约编辑 | 孟　通
责任编辑 | 黄建国
助理编辑 | 管紫璇
装帧设计 | 杨　宇
责任印制 | 张志杰
责任校对 | 邓彦防
媒体运营 | 刘　冲　刘　峥
经　　销 | 北京长江新世纪文化传媒有限公司
印　　刷 | 北京正和鼎业印刷技术有限公司
开　　本 | 710 毫米 ×1000 毫米　1/16
印　　张 | 17.75
版　　次 | 2016 年 01 月第 1 版
印　　次 | 2016 年 03 月第 2 次印刷
字　　数 | 205 千字
定　　价 | 38.00 元